Gracias, Finlandia

Gracias, Finlandia

Qué podemos aprender
del sistema educativo de más éxito

Xavier Melgarejo

Plataforma
Editorial

Primera edición en esta colección: octubre de 2013
Undécima edición: febrero de 2018

© Xavier Melgarejo, 2013
© de la presente edición: Plataforma Editorial, 2013

Plataforma Editorial
c/ Muntaner, 269, entlo. 1ª – 08021 Barcelona
Tel.: (+34) 93 494 79 99 – Fax: (+34) 93 419 23 14
www.plataformaeditorial.com
info@plataformaeditorial.com

Depósito legal: B-22.748-2013
ISBN:978-84-15880-40-0
IBIC: JNF
Printed in Spain – Impreso en España

Cubierta:
Agnès Capella Sala

Fotocomposición:
Grafime

El papel que se ha utilizado para imprimir este libro proviene
de explotaciones forestales controladas, donde se respetan
los valores ecológicos, sociales y el desarrollo sostenible del bosque.

Impresión:
Prodigitalk
Martorell (Barcelona)

A Mireia Artigal, mi esposa, a la que quiero con todo mi ser. Sin su ayuda y afecto nunca hubiera podido terminar mi tesis doctoral, ni escribir este libro. A mis dos hijos Pau y David, gracias por vuestra existencia y afecto. Os quiero y os querré siempre, incondicionalmente.

Y a todos los niños y niñas que existen ahora, a los que lo fueron en el pasado, y a los que lo serán en el futuro, dedico este libro con todo mi afecto, con toda mi esperanza y fe en ellos y ellas, deseando que sean mejores que nosotros. Esta fe y afecto fue lo que me permitió terminar mi tesis sobre el sistema educativo finlandés en el año 2005 a pesar de las enormes dificultades que viví.

Índice

Índice

Prólogo

Una soleada mañana de septiembre de 2012 se reunieron en la sede de la Secretaría General Iberoamericana (SEGIB), en Madrid, representantes de diversas universidades y consejerías de Educación y Cultura de varias comunidades autónomas españolas, junto con otros especialistas en educación españoles y finlandeses. La convocatoria provenía del Instituto Iberoamericano de Finlandia (IIF), uno de los dieciséis institutos culturales y científicos que Finlandia tiene fuera de sus fronteras. La misión del IIF, con sede en Madrid, consiste en facilitar contactos a artistas, científicos, gestores culturales y especialistas en educación entre Finlandia, la Península Ibérica y América Latina. Este instituto colabora con la embajada de Finlandia y con Finpro, oficina comercial de la embajada de Finlandia, en Madrid, en la gestación de actividades para distribuir conocimientos sobre la educación finlandesa.

Durante aquel primer seminario sobre el sistema educativo finlandés, en España se diseñó un proyecto amplio; una serie de seminarios para debatir y dar a conocer los éxitos y los retos del sistema educativo del país escandinavo. Debido al amplio conocimiento que posee sobre el sistema educativo de Finlandia y a su capacidad de aplicar dichos conocimientos al contexto español, el doctor Xavier Melgarejo Draper fue uno de los principales ponentes. Cabe destacar que, desde hace años, Melgarejo es nuestro apreciado colaborador en todo lo referente a educación. Como directora del IIF, es un orgullo para mí presentar aquí su nueva obra, *Gracias, Finlandia. Qué podemos aprender del sistema educativo de más éxito*.

El sistema educativo finlandés despierta interés en todo el mundo. Finlandia lidera el informe PISA y nuestro sistema educativo ha sido internacionalmente reconocido como uno de los de más alto desempeño a nivel mundial. Este hecho hace felices a sus ciudadanos, naturalmente, pero quiero destacar que Finlandia vislumbra nuevos retos en la educación, puesto que el sector educativo se enfrenta a transformaciones continuas por las constantes exigencias impuestas por la globalización, por la participación ciudadana y por la necesidad de aplicar eficientemente las nuevas tecnologías de la información y la comunicación.

Gracias al sistema de educación igualitario, público y gratuito, los niños finlandeses de hoy estarán el día de mañana entre los profesionales más preparados del mundo. Sin embargo, no ha sido siempre así. Esto no lo ha predicho ninguna bola de cristal, sino que lo auguran datos objetivos. Desde que la OCDE comenzara en 2000 a elaborar su informe PISA, Finlandia ha acaparado los primeros puestos del podio en Europa por su excelente nivel educativo. Sin embargo, puede ser interesante saber que Finlandia realizó una profunda reforma educativa en las últimas cuatro décadas. Cabe recordar el hecho de que un sistema educativo es siempre un conjunto de diferentes influencias que una persona recibe desde el nacimiento hasta la edad adulta, a través de instituciones, profesores y organizaciones formales de una sociedad. Todos ellos transmiten conocimientos e influyen en su crecimiento social e intelectual. Este conjunto de valores, pautas e influencias constituyen precisamente el tema de la valiosa obra de Xavier Melgarejo.

Un par de palabras sobre Finlandia y los factores que llevaron a los distintos gobiernos a desarrollar un sistema educativo con rigor profesional, desempeño académico y competitividad internacional: el alto valor de la educación y el prestigio de los maestros en Finlandia posee una larga tradición. Después de la Segunda Guerra Mundial, la educación igualitaria para todos, desde la fase preescolar hasta los estudios académicos, constituyó un factor esencial en la difícil construcción de la sociedad del bienestar. Las familias aprendieron a valorar la educación como un paso adelante y como un vehículo de desarrollo. Y esto es algo que los finlandeses seguimos viendo así en la actualidad.

Finlandia es miembro de la Unión Europea desde 1995. Está situado en el nordeste de Europa y cuenta con una población de 5,4 millones de habitantes que ocupan una superficie de 338.424 km². La gran mayoría de la población se concentra en el extremo meridional y en el área metropolitana de Helsinki. Finlandia es el sexto país más extenso de

Europa y el segundo con menor densidad poblacional de la UE. Las lenguas oficiales son el finés y el sueco. La lengua materna de la mayoría de los finlandeses es el finés, mientras que el sueco es la lengua de una minoría suecohablante que constituye un 5,6 % de la población total. En Laponia existen alrededor de 7.000 hablantes de lenguas del grupo saami. El bilingüismo es un valor extendido, y la competencia es obligatoria para todos, lo que impone la introducción de ciertos programas en ambos idiomas en la enseñanza de idiomas oficiales. Las diversas lenguas maternas de los inmigrantes implican, a la vez, que en el sistema educativo sean impartidos cursos en decenas de lenguas extranjeras. Cada niño finlandés tiene derecho a asistir semanalmente a clases específicas en su lengua materna.

Si resumimos los factores decisivos que a lo largo de los años han producido un alto nivel educativo en Finlandia, se podrían mencionar los siguientes: 1) Finlandia tiene un sistema educativo en el que las diferencias de rendimiento entre las distintas escuelas son pequeñas. En resumen: todos los alumnos aprenden bien. 2) Ser profesor es una profesión de prestigio y muchos jóvenes aspiran a ser educadores, si bien solo los más brillantes son seleccionados para ser maestros, y las exigencias para entrar en esta carrera son altas. 3) Por lo tanto, los finlandeses probablemente tengan el sistema de educación de docentes más competitivo del mundo. 4) Los educadores de Finlandia tienen un alto grado de autonomía profesional y disfrutan de las políticas de desarrollo profesional diseñadas para progresar en sus carreras. 5) Diferentes métodos producen diferentes resultados y, en Finlandia, los métodos de enseñanza son de gran rigor académico; los educadores enseñan menos tiempo y los estudiantes pasan menos tiempo estudiando. Sin embargo, los resultados son excelentes. 6) Casi todos los jóvenes, al llegar a los dieciséis años han recibido algún tipo de apoyo personalizado u orientación individual en sus estudios. 7) Los profesores están altamente comprometidos con su trabajo y su carrera, y generalmente no cambian a otros campos laborales.

Gracias a Xavier Melgarejo y a Plataforma Editorial por compartir el interés por mejorar la educación en España, en Finlandia, y en otras partes del mundo.

Auli Leskinen
Directora
Instituto Iberoamericano de Finlandia
www.madrid.fi

Introducción |

El sistema educativo español se encuentra en estos momentos en una difícil encrucijada provocada por un cambio radical en la política educativa del Gobierno del Estado, por los importantes recortes en los presupuestos dedicados a la educación, aplicados tanto por el Estado central como por las comunidades autónomas como consecuencia de la política de austeridad (mal entendida) implantada para paliar los efectos de la crisis económica y financiera, y por un fracaso escolar en aumento que se refleja en los resultados que obtienen los alumnos españoles en las pruebas internacionales (la más conocida de las cuales es el informe PISA, del que hablaremos más adelante), así como en la proliferación de jóvenes nini, que no estudian ni trabajan y que se verán abocados a un desempleo crónico por falta de formación y ausencia de oportunidades laborales para la mano de obra poco cualificada.

Ante los retos que plantea esta situación, el Gobierno ha emprendido la redacción de una nueva Ley de Educación, que se convertirá en la quinta de la democracia (véase cuadro 1) y que, tal como se está planteando, seguramente

Leyes orgánicas de Educación	Año de promulgación
Ley Orgánica del Derecho a la Educación (LODE)	1985
Ley Orgánica de Ordenación General del Sistema Educativo de España (LOGSE)	1990
Ley Orgánica de Calidad de la Educación (LOCE)	2002
Ley Orgánica de Educación (LOE)	2006
Ley Orgánica para la Mejora de la Calidad Educativa (LOMCE)	2013 (en tramitación)

Cuadro 1: Leyes orgánicas de Educación en España.

no resolverá nada, pero que viene a certificar una de las características esenciales del sistema educativo español: su inseguridad normativa en las últimas tres décadas.

Sin entrar en consideraciones sobre el contenido e idoneidad de dichas leyes, que darían para varios volúmenes de análisis y discusiones y superan ampliamente el alcance de este libro, no parece que cambiar de media cada cinco o seis años la ley fundamental del sistema educativo sea el método más eficaz para garantizar la consolidación y el éxito del sistema. Tampoco lo es que la educación se encuentre permanentemente en el centro del debate político e ideológico entre los partidos políticos y los grupos de presión social, sin que exista un consenso básico y de mínimos sobre las características inamovibles que debería tener dicho sistema.

Si comparamos esta situación con otro de los pilares básicos del Estado del bienestar, la sanidad, vemos que en este campo España cuenta únicamente con dos leyes orgánicas: la Ley General de Sanidad de 1986 y la Ley de Cohesión y

Calidad del Sistema Nacional de Salud de 2003, que han dado la estabilidad normativa para consolidar uno de los sistemas públicos de salud de más éxito y reconocimiento en todo el mundo.

La constatación del fracaso del sistema y la situación actual de crisis económica y recortes presupuestarios han situado de nuevo la educación en el centro del debate político y social, de manera que este libro tiene como objetivo principal participar en esta discusión y aportar el punto de vista de una persona, el autor, que ha analizado durante muchos años el sistema educativo de mayor éxito mundial, el finlandés, que puede aportar las claves para una reforma en profundidad de la educación española.

**«… no parece que cambiar de media
cada cinco o seis años la ley fundamental
del sistema educativo sea el método
más eficaz para garantizar la consolidación
y el éxito del sistema».**

No obstante, este libro no está escrito para alimentar la literatura académica sobre el tema ni se dirige específicamente a estudiosos e investigadores de la educación, que ya tienen a su disposición mi tesis doctoral, *El sistema educativo finlandés. La formación del profesorado de educación primaria y secundaria obligatoria*, presentada en la Universidad Ramon Llull de Barcelona. Tampoco está destinado prioritariamente a los docentes ni a los políticos que deben tomar las decisiones sobre la reforma de la educación, sino que pretende llegar a todos los ciudadanos que están preocupados por la mejora de la educación en nuestro país.

Empecé a interesarme por el sistema educativo de Finlandia a principios de 1991. Yo trabajaba entonces como psicólogo escolar en el colegio Claret de Barcelona, un centro religioso concertado. Como en casi todas las escuelas de España, teníamos un fracaso escolar cercano al 20 %, con muchos alumnos que a pesar de todos nuestros esfuerzos no se graduaban. La mayoría de esos alumnos tenían graves dificultades en competencia lectora. Tras probar diversas vías que no fructificaron, leí una publicación internacional donde se constataba que los alumnos finlandeses ya tenían por esa época los mejores resultados en comprensión lectora del mundo. Los alumnos japoneses tenían resultados parecidos. Los resultados españoles eran malos. Me interesó el modelo finlandés por su enfoque a la vez en la equidad y en la calidad, lo que lo diferenciaba del japonés. Como europeo, el modelo me gustaba porque compartía esos valores. Aunque empecé en el año 1992, terminé mi tesis en el 2005. La razón principal por la que tardé tanto tiempo fue financiera. No pude conseguir ninguna ayuda oficial ni del Gobierno central ni de la Generalitat de Catalunya. La función de orientador psicopedagógico en un centro concertado no era reconocida por las autoridades, y al no reconocer mi existencia educativa, no tenía ninguna posibilidad de recibir becas ni ayuda de ningún tipo. Tampoco pude conseguirla por la Administración catalana, ya que quise hacer el estudio en castellano. Yo quería que me leyeran en todo el estado para poder ayudar a mejorar todo el sistema educativo y colaborar en la lucha contra el fracaso escolar en España. Pero como dicen los finlandeses, menos es más. Tardé mucho tiempo, pero lo aproveché para profundizar en el sistema finlandés y reflexionar sobre él, para leer a sus historiadores, educadores y literatos, escuchar a sus músicos, conocer a sus artistas y visitar repetidamente su país, y amarlo intensamente.

El fracaso escolar es uno de los mayores problemas de nuestro estado. Más del 30 % de los alumnos abandonan sus estudios y con ellos sus posibilidades de mejora económica, social y humana. Con la crisis económica actual, el problema se hace aún más intenso. Asociado a esto, otro grave problema de nuestro país es que la mitad de los españoles tienen un nivel de estudios bajo, la mayoría no ha pasado los estudios básicos obligatorios. Ningún país avanzado de la OCDE, que tenga un paro bajo y quiera desarrollar una sociedad del conocimiento, tiene estas dos variables tan negativas. No debe confundirse el fracaso escolar con el nivel de competencias, aunque tengan una importante correlación. Con los datos en la mano, el fracaso escolar español es escandaloso, pero tenemos un nivel medio de competencias lectora, matemática y científica buena para lo que este país invierte en educación. Debemos disminuir el fracaso escolar como prioridad y a la vez mejorar los niveles de excelencia.

En mi etapa como director del colegio Claret de Barcelona, conseguimos que la tasa de no graduación pasara del 20 % al 1 %. Así pues, el 99 % de los alumnos se graduaban y los niveles mejoraron. Sin más recursos que otros centros. Esta experiencia demuestra que dichos objetivos se pueden conseguir.

Quisiera, en este sentido, poder transmitirle al lector la enorme trascendencia que puede representar para nuestro país conseguir una educación de calidad y equidad y que tomara conciencia de la importancia de su participación. Para ello tal vez deberá poner en duda algunas creencias que la mayor parte de nuestra sociedad tiene sobre el hecho educativo. Debemos aprender a dudar, a buscar todos los datos y evidencias y no esconder todo lo que no cuadre con nuestras creencias. Normalmente buscamos solo las evidencias que corroboran nuestras creencias, pero el pensamiento científico no funciona así. Debemos ponerlo todo sobre la mesa, y buscar un modelo que explique la mayor cantidad posible de fenómenos que vemos, en este caso sobre la educación. En mi estudio original comparé el caso finlandés con el español, pero a la vez con los sistemas sueco, danés y noruego. El objetivo era poder descubrir, por contraste comparativo con los países más parecidos a Finlandia, las variables más diferenciadoras de este país. En este libro podrá encontrar algunas referencias a ese estudio comparativo.

El segundo de mis objetivos es participar en el debate sobre qué es un sistema educativo, proponiendo un modelo conceptual que se ajusta más a mi idea de lo que debe ser dicho sistema. Todo el mundo habla sobre el sistema educativo, pero el concepto en sí de lo que es no está claramente definido. Explicaré brevemente los tres modelos que existen y me posicionaré en uno de ellos, sobre el que construí mi tesis doctoral y este libro. Una de las razones por las cuales pueden fracasar muchas de las reformas educativas es que quienes toman decisiones no tienen claro qué es un sistema educativo. Muchos de nuestros consejeros y ministros de Educación creen, como la mayoría de la población, que «con cuatro medidas, esto lo arreglo yo». Se parte de la creencia de que quienes dirigen el sistema tienen todas las palancas para modificarlo, pero la evidencia les demuestra una y otra vez que no es así. Mi propuesta principal en este sentido es que debe ser la comunidad educativa la que cree los mecanismos de mejora del sistema. Esto es lo que se hizo en Finlandia en la década de 1980 y luego redactaron leyes para regularlo, leyes que no han tocado porque gozan de un gran pacto nacional por la educación.

Mi tercer objetivo es conseguir clarificarles las razones por las cuales el sistema educativo finlandés es realmente relevante e interesante. ¿Qué resultados objetivos permiten ver que se trata de un modelo interesante y que vale la pena profundizar en él?

«Mi propuesta principal en este sentido es que debe ser la comunidad educativa la que cree los mecanismos de mejora del sistema».

El cuarto de estos objetivos es describir el sistema educativo finlandés y explicar resumidamente cómo y por qué funciona de una forma determinada (si se quiere profundizar en este apartado, recomiendo leer los volúmenes 1 y 2 de mi tesis doctoral). Quisiera compartir con usted, querido lector o lectora, mi conocimiento del sistema educativo finlandés, y las preguntas y dudas que este estudio ha hecho nacer en mí sobre mis creencias preconcebidas sobre el hecho educativo. Este libro no es una descripción exclusiva del sistema educativo finlandés. Uno de los capítulos más importantes es sobre la formación inicial del profesorado. Ser profesor es un honor, ya que trabajamos con el bien más preciado del país: nuestros niños y niñas.

El quinto objetivo es dar pistas de cómo podemos orientarnos sobre nuestra realidad educativa. ¿Dónde estamos en la actualidad educativamente? ¿En qué modelo educativo encajamos nosotros y en cuál encaja Finlandia? Por ello analizaremos brevemente seis escenarios educativos que, tal como plantea la OCDE, estructurarán los sistemas educativos en la primera parte del siglo XXI.

Finalmente, quisiera también dar un paso más y marcarme como objetivo proponer o sugerir alternativas de mejora para el sistema educativo español para lo que previamente me posicionaré escogiendo diversos escenarios en los que quisiera que se desarrollase. Pero igual que un olivo no puede crecer en Finlandia, tampoco nosotros podemos extrapolar todo cuanto va a leer y aplicarlo o copiarlo aquí. Sería un error. Nuestro ecosistema social no lo permitiría. Pero, siguiendo el ejemplo del olivo, podemos saber cómo es la vida en Finlandia y cómo es en España, y aprender mejor cómo funciona la vida en general, y a partir de ello sacar el mayor partido a lo que tenemos, y tal vez probar algún injerto.

**«Ser profesor es un honor,
ya que trabajamos con el bien más preciado
del país: nuestros niños y niñas».**

Pero este libro no está cerrado, usted puede, con su experiencia y su conocimiento, construir sus propuestas de mejora del sistema educativo a través de las reflexiones que presento. Para realizar esta última parte personalmente le propongo que encaje sus propuestas en uno o varios de los escenarios explicados en el capítulo correspondiente. Quisiera agradecerle su interés y desearle que en estas páginas encuentre ideas sugerentes sobre la educación y encontremos juntos propuestas para mejorar.

Nuestros hijos e hijas son nuestro bien más preciado, el tesoro nacional. Ellos y ellas son nuestros «bonos del Tesoro» a veinte años. Quisiera transmitirle la importancia de invertir en esos bonos del Tesoro nacional. Esta inversión no debe ser solo económica, debe ser en tiempo, en ilusión, en valores, en la transmisión de afecto incondicional hacia ellos y ellas (independientemente de su origen, clase social, sexo, raza o creencias religiosas, etc.), con normas y límites bien identificados.

A todos esos niños y niñas dedico este libro con todo mi afecto, con toda mi esperanza en ellos y ellas, deseando que sean mejores que nosotros. Esta fe fue lo que me permitió terminar la tesis doctoral, origen primigenio de este libro, a pesar de las enormes dificultades que tuve que superar para concluirla.

Desgraciadamente, durante muchos años los valores centrales de los españoles fueron el enriquecimiento rápido, la acumulación de propiedades y el dinero fácil, por lo que nuestro país invirtió como prioridad en la construcción de viviendas y de infraestructuras, dejando de lado la educación. Ahora todo ello se ha hundido, como un edificio sin fundamento. No se invirtió en las personas ni en su educación, con la intención de que los ciudadanos participaran en la construcción de esa pirámide. Dicha construcción fue promulgada por una minoría que siempre ha detentado el poder en el Estado y que con la crisis aún se ha hecho más rica. Ahora el país está en ruinas, muchos ciudadanos se han quedado en la miseria y sin posibilidades de salir del agujero, porque carecen de unos mínimos estudios. En mi opinión, debemos poner en el centro de nuestros valores a la persona humana. Esta debe valorarse no por las propiedades que tenga, ni por su dinero (todo ello puede tenerse sin haber trabajado honradamente), sino por lo que ha hecho con su vida, cómo se han construido ellos mismos como personas y por cómo han ayudado a la construcción de nuestra sociedad. Sea usted una persona en paro, un profesional liberal, un empresario, una anciana disfrutando de su retiro o esté usted recluido en un penal, quisiera transmitirles mi afecto y mi convicción de que podemos reconstruir nuestras vidas, que tenemos derecho a una vida plena. Todos podemos mejorar y hacer de nuestra vida algo bello. Los necesitamos a todos con su contribución para la reconstrucción social y económica del país.

> «Nuestros hijos e hijas son nuestro bien
> más preciado, el tesoro nacional. Ellos y ellas
> son nuestros "bonos del Tesoro" a veinte años.
> Quisiera transmitirle la importancia
> de invertir en esos bonos del Tesoro nacional».

Intenté publicar este libro en diversas ocasiones, pero no lo conseguí porque a las editoriales no les interesaba, aunque sí realicé numerosas intervenciones en universidades y medios de comunicación. Hace dos años me diagnosticaron un cáncer de pulmón, con unas metástasis muy dolorosas en los huesos, a pesar de no ser fumador. Mi fin parecía cercano, ya que el pronóstico médico inicial era desfavorable. Pero encontré una manera de sobrevivir, al menos un tiempo más, desconozco si podré vivir tres meses o tres años. Buscando alternativas con mi familia, descubrí que existían mutaciones genéticas que explicaban algunos casos de cáncer de pulmón, y decidí arriesgarme y hacerme unas pruebas que confirmaron dicha mutación. Hay una medicación que paraliza temporalmente mi mutación, gracias a la cual sigo vivo. En este período decidí compartir con mis compañeros, mis alumnos de la escuela y los padres y madres mi vivencia ante la adversidad. Josep Maria Cervera, director de la editorial Claret, me convenció de que tenía que contarlo en un libro. En mi estado muy limitado, él me ayudó y finalmente lo publicamos conjuntamente: *Ante la adversidad, amor y libertad*, de la editorial Claret (2012). Así fui plenamente consciente de que a pesar de todas mis vicisitudes había tenido una vida bella, llena de amor y de conocimiento. Tras un momento de duda existencial, mi fe se intensificó. Decidí luchar y hacer de mi pequeña vida una vida aún más bella en el final. En una entrevista que me realizó el periodista Josep Corbella en el diario *La Vanguardia* explicó mi experiencia ante la adversidad y un editor, Jordi Nadal, contactó conmigo para que publicara el libro sobre Finlandia, pero quería que fuera asequible para toda la población. Cuando me recuperé parcialmente para volver al trabajo, lo hice como psicólogo escolar, dejando la dirección del centro. También me di cuenta de que no podía hacer el libro solo. Jordi Nadal contactó con Francisco García, quien me ha ayudado a elaborarlo. Con él he pasado muchas horas grabando mis pensamientos, fruto de los cuales es este libro, que queda como testimonio de mi lucha por mejorar la educación en España.

En este libro verá resumidamente cómo los finlandeses han construido con amor y energía su sistema educativo. Si usted cree que vale la pena invertir en la educación, le aconsejo que lea el libro hasta el final. Gracias por leerlo, reciba de mi parte un fuerte abrazo.

1.
¿Qué es un sistema educativo?

La literatura especializada sobre educación ofrece un amplísimo abanico de definiciones de lo que es y no es un sistema educativo. Pero, básicamente, la mayoría de las opiniones se podrían agrupar en tres grandes bloques:

a) Autores e instituciones que no se atreven a definir el concepto y que ponen en evidencia las dificultades para abordarlo y las confusiones que genera.

b) Autores e instituciones que, con matices diferentes, defienden la idea de que el sistema educativo es básicamente el sistema escolar. El ejemplo más claro de esta posición es la OCDE.

c) Autores e instituciones que consideran que el sistema educativo es mucho más amplio que el sistema escolar, y que este último forma parte del primero.

Mi visión del sistema educativo se vincula con las definiciones de tipo C porque, en mi opinión, es el único modelo que permite explicar las propiedades y el funcionamiento de los distintos sistemas educativos que vamos a comparar en estas páginas.

El sistema educativo es el conjunto de influencias educativas que una persona recibe desde el nacimiento hasta la edad adulta a través de instituciones, agentes y organizaciones formales de una sociedad que transmiten conocimientos y la herencia cultural correspondiente, y que influyen en el crecimiento social e intelectual del individuo. El sistema educativo se constituye con la finalidad específica de reproducir en los educados los valores, las actitudes, los conceptos y las normas de dicha sociedad, que forma un todo unitario y complejo, que necesita un flujo de relaciones, de materia y de energía constante con el entorno. En la actualidad, el sistema educativo suele estar dirigido, impulsado y pilotado por el Estado (central, regional o municipal). El sistema educativo es un sistema abierto, que tiene como condición para su continuidad el establecimiento de un flujo de relaciones con el ambiente social, cultural, económico, político, etc., que lo rodea.

En este sentido, el sistema educativo no vive aislado de su entorno, sino que se concibe como un sistema social con unos límites claros que lo diferencian de su entorno y formado por una serie de subsistemas diferentes que tienen como prioridad la reproducción social y educativa. En un modelo ideal, el sistema educativo debería estar compuesto por tres componentes esenciales, que mantienen una relación de interconexión y retroalimentación entre ellos:

a) El subsistema escolar.

b) El subsistema familiar.

c) El subsistema sociocultural, que incluye aquellos elementos con finalidades educativas que aporta el entorno social y cultural (bibliotecas, ludotecas, cines, teatros, formación proporcionada por instituciones, comunidades religiosas, etc.).

Gráficamente se podría representar de la siguiente forma:

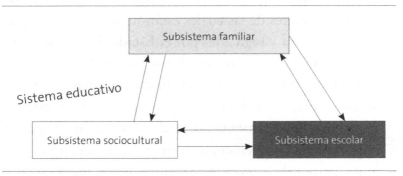

Gráfico 1: El sistema educativo y sus subsistemas.

Cada uno de estos subsistemas está formado básicamente por elementos personales y materiales que lo vertebran y le dan consistencia. De esta manera, en el subsistema escolar encontraríamos:

a) Elementos personales: profesores, personal de servicio, personal de apoyo, alumnos, monitores de comedor y de actividades extraescolares, etc.

b) Elementos materiales: edificios, aulas, pupitres, pizarras, equipos informáticos, instalaciones deportivas, laboratorios, etc.

En el subsistema familiar:

a) Elementos personales: progenitores (padre, madre, tutores), abuelos, hermanos, familiares, animales, etc. En este subsistema, las personas se encuentran unidas por relaciones de consanguinidad, de parentesco y de afecto, las más importantes de las cuales están fijadas mediante una norma jurídica y reguladas por el Estado. En consecuencia, las personas que forman el sistema familiar tienen carácter físico y jurídico, y cada unidad familiar puede estar constituida por diferentes agrupaciones de elementos (personas) jurídicamente aceptadas. Este es un elemento importante a tener en cuenta por la aparición en los últimos tiempos de nuevos modelos familiares que han recibido un reconocimiento legal explícito.

b) Elementos materiales: la vivienda familiar y su ubicación, el reparto del espacio dentro de la vivienda, los recursos materiales a disposición de la unidad familiar, la facilidad o dificultad de acceso a los recursos sociales y culturales del siguiente punto, etc.

Finalmente, el subsistema sociocultural estaría compuesto por los elementos siguientes, que se dividen en dos grandes estructuras:

a) Estructuras culturales: bibliotecas, centros de recursos, ludotecas, conservatorios y centros de educación musical, centros de formación no reglada, academias de baile, manualidades, etc. Cada uno de estos centros cuenta con sus propios elementos personales (bibliotecarios, profesores, monitores, auxiliares, etc.) y materiales (edificios, ubicación geográfica, accesibilidad, cantidad y calidad de los recursos disponibles, horarios, etc.).

b) Estructuras sociales: centros lúdicos, instalaciones deportivas, centros religiosos, asociaciones, etc., que también disponen de sus elementos personales y materiales.

Estos tres subsistemas actúan entre sí y se retroalimentan, de manera que constituyen un conjunto, el sistema educativo, que va mucho más allá de la suma de sus partes y que se caracteriza por ocho principios o características principales:

1. Totalidad: todo cambio en una parte del sistema afecta a todos sus componentes, de manera que después de producirse el cambio el conjunto y sus partes son diferentes a como eran antes de dicha transformación. Por tanto, todo cambio en uno de los subsistemas (familiar, escolar o sociocultural) afecta al conjunto del sistema educativo, y si queremos actuar sobre el sistema educativo en su conjunto, debemos definir estrategias desde estos tres ámbitos. Este cambio puede provocar consecuencias positivas, pero también negativas, según las circunstancias.

2. Autorregulación: las informaciones que el sistema recibe del exterior como respuesta a su existencia y actividades producen dos efectos inmediatos: si la comunicación o percepción que se tiene de este es negativa, instan al cambio y a la transformación del sistema. Si se considera que dichas percepciones son positivas, se atenúa o anula el impulso al cambio y el sistema favorece la conservación de sus propiedades y características internas. Por esa razón, seguramente, el legislador español intenta modificar una y otra vez la normativa (leyes), ya que la percepción social sobre el producto de la educación no mejora sustancialmente.

3. Equifinalidad: las modificaciones del sistema son consecuencia de los procesos internos de cada uno de los subsistemas que lo componen y no de sus condiciones iniciales. Por eso, a condiciones iguales pueden surgir resultados diferentes o pueden surgir resultados iguales con condiciones iniciales diferentes. En consecuencia, resulta imprescindible estudiar el proceso interno del sistema educativo y no quedarnos exclusivamente con las entradas y salidas de información.

4. Apertura: el sistema educativo es un sistema abierto que se relaciona con su medio social. Dispone de una frontera clara pero permeable a los recursos humanos y materiales y al flujo de energía económica.

5. Alimentación: el sistema educativo se mantiene por la entrada constante de materia (alumnos y profesores) y energía (principalmente, recursos económicos).

6. Equilibrio: el sistema educativo se caracteriza por un grado de equilibrio que se manifiesta por una inercia a funcionar de la misma forma en que lo hace en un momento determinado, si no se producen cambios en los subsistemas que lo forman.

7. Evolución: el sistema educativo se desarrolla y crece a partir de las estructuras educativas que existían previamente. Las estructuras educativas derivan de otras estructuras anteriores, básicamente internas de la sociedad correspondiente, pero también pueden importarse del exterior si no existen y evolucionar a partir de ellas. Por ejemplo, Finlandia estudió el sistema educativo sueco y lo copió, mejorando sus defectos.

8. Inercia: el sistema educativo genera fuerzas dentro y fuera de sus límites, que, una vez activadas, tienden a mantenerse para sostener el equilibrio interno.

No obstante, todos estos elementos descriptivos no nos explican el elemento fundamental: ¿cómo funciona un sistema educativo?

El corazón del sistema educativo son los valores de la sociedad, que deben articularse en cada uno de los subsistemas para que puedan llegar a implementarse. Por eso, uno de los aspectos esenciales para el análisis de un sistema educativo concreto es descubrir su «centro». Este centro no se forja a partir de la relación entre los miembros del sistema, sino que aparece cuando los individuos se sienten identificados con una identidad concreta, porque todos ellos tienen el mismo núcleo que, en cierta manera, está constituido por la escala de valores esenciales de los ciudadanos de un estado. En el caso de los finlandeses, se correspondería con los valores fundamentales recogidos en su Constitución. Esos valores centrales son los que estructuran las líneas de fuerza del sistema educativo. En el caso de Finlandia son los valores de equidad y eficiencia, mientras que en el caso español son los de libertad e igualdad.

Gastamos una gran cantidad de energía para mantener a los alumnos dentro de ese sistema con el objetivo de que puedan aprender. Esto se realiza a costa de absorber del sistema social a los mismos alumnos, junto con los profesores y enormes cantidades de recursos, fundamentalmente económicos, para poder hacer el trabajo de la educación. El sistema educativo forma parte de una sociedad determinada, lo que en gran medida determina su organización, sus finalidades y sus funciones.

«El corazón del sistema educativo son los valores de la sociedad, que deben articularse en cada uno de los subsistemas para que puedan llegar a implementarse».

El trabajo educativo que se realiza dentro de las escuelas produce cambios cognitivos en los alumnos. Dichos cambios están dirigidos a formar personas según unos modelos o patrones determinados que fueron impuestos inicialmente por los Estados con el fin de asegurar su propia supervivencia. Los objetivos educativos pretenden construir progresivamente ese «modelo» de ciudadano. Los alumnos pasan como en una cadena de montaje en la que curso tras curso se les van añadiendo nuevos componentes de dicho modelo. Aquellos que no cumplen unos rigurosos criterios de calidad son desechados fuera del sistema educativo a través de diversos mecanismos de selección (como si fueran residuos de un producto industrial) y van a parar al sistema social general con la esperanza de que formen parte de la masa de trabajadores poco cualificados.

Esos modelos o patrones están trazados en sus líneas generales por el modelo humano reflejado en las Constituciones de los Estados en los países democráticos. En dichas cartas magnas se regula el conjunto de valores generales aceptados por esa sociedad concreta, y las leyes educativas despliegan con minuciosidad los objetivos educativos y la organización necesaria para producir ese modelo de ciudadano. Como en las sociedades occidentales las leyes son elaboradas por los gobiernos y los parlamentos elegidos democráticamente por los votantes entre los diferentes partidos políticos en liza, estos últimos tienden a desarrollar dichos modelos acentuando con mayor o menor fuerza alguno de los valores recogidos en la Constitución correspondiente.

Durante el proceso de formación educativa, todo el sistema educativo en su conjunto debe ayudar a esa integración de valores y conocimientos en los alumnos y en los adultos que intervienen en el sistema. El hecho que se desprende de esta situación es que si en alguno de los tres subsistemas

imperan valores contrarios o incompatibles con los reflejados en la Constitución vigente, el proceso de construcción
cognitivo se verá interrumpido, frenado o limitado parcial o
totalmente. Por eso, poco a poco el poder del Estado ha ido
verificando que las estructuras sociales y educativas estuvie-
ran reglamentadas conforme al derecho de dicho país. El último sistema en el que el Estado ha podido penetrar progresivamente ha sido el subsistema familiar. La democratización
de la sociedad necesita que las unidades familiares también
vayan incorporando este valor a su funcionamiento.

De una manera bastante gráfica, se podría decir que cada
subsistema del sistema educativo es como el engranaje de
una máquina que está conectado a los otros dos. Si uno de
los engranajes funciona en dirección opuesta a los otros dos,
todo el mecanismo tiene tendencia a bloquearse o a trans-
formarse. En cada subsistema no pueden dominar valores
diferentes y, lamentablemente, eso es precisamente lo que
ocurre en muchas de las sociedades occidentales, incluida la
nuestra. En consecuencia, las políticas públicas que afectan
a los tres subsistemas deben fomentar los mismos valores y
se deben dar a la vez para que los tres engranajes trabajen
intensamente para conseguir el mismo objetivo.

Si no se produce esta concatenación de esfuerzos conjun-
tos de los tres subsistemas (familiar, escolar y sociocultural),
los niños y niñas quedan bloqueados en su proceso de construcción cognitiva. Si se produce una disonancia cognitiva
entre alguno de los subsistemas, generalmente uno de ellos
dominará a los otros dos. Si el subsistema familiar tiene fi-

nalidades o valores contrarios a los otros dos (podemos imaginar, por ejemplo, que el engranaje gira inversamente al del subsistema escolar), la consecuencia será que los alumnos provenientes de dichas unidades familiares no encajarán en las normas, las actitudes, los valores y los conocimientos que intenta transmitir el subsistema escolar con la misma intensidad que si las finalidades de los dos sistemas fueran las mismas.

Los tres subsistemas tienen su propia dinámica interna, con objetivos, finalidades y estructuras propias. Cuanto más coordinadas estén entre sí las dinámicas propias de cada subsistema, de manera que no se opongan entre ellos sino que se potencien, mejor funcionará el sistema conjunto.

Los alumnos se mueven entre los diferentes subsistemas del sistema educativo

Gráfico 2: El sistema educativo y sus subsistemas como un engranaje.

Los alumnos son los elementos del sistema y circulan a lo largo de esta cadena de construcción cognitiva, que se estructura en procesos «en cadena» a lo largo de más de diez años, con el objetivo de que la relación que se establece entre los adultos del sistema y los menores permita que se reproduzcan actitudes y valores.

«En cada subsistema no pueden dominar valores diferentes y, lamentablemente, eso es precisamente lo que ocurre en muchas de las sociedades occidentales, incluida la nuestra».

El elemento «niño» entra en el subsistema escolar durante un número determinado de horas, durante las cuales procesa una serie de informaciones, y después vuelve al subsistema familiar o a cualquier otro subsistema en un ciclo continuo. En este proceso se produce el encaje en los alumnos de las nuevas estructuras cognitivas, mediante el trabajo escolar con normas, valores, actitudes y conceptos. El flujo repetido de estos ciclos es lo que mantiene unido al sistema.

El hecho de que se identifique, intencionadamente o no, pero de forma habitual durante los últimos años, el sistema educativo con el subsistema escolar puede llevar a la creencia de que todo el proceso educativo procede de este y que los otros subsistemas no deberían realizar dicha función.

Una de las consecuencias negativas de concebir el subsistema familiar fuera del sistema educativo es que la institución familiar recibe un mensaje muy claro de que la educación no es cosa suya, puesto que no forma parte del subsistema escolar. Por tanto, la educación queda fuera de su ámbito de actuación y muchas unidades familiares han dejado de responsabilizarse de la función educativa que deben tener.

No es aceptable pensar que el subsistema escolar es un sistema cerrado. Cada día recoge la materia prima (los alumnos), los procesa y los devuelve fuera del subsistema a las familias y otras instituciones educativas, para recuperarlos generalmente al día siguiente. Pero este proceso no se realiza cada día, sino cinco de los siete días de la semana, generalmente durante algo menos de nueve de los doce meses del año. Además, el proceso puede durar entre cinco y ocho horas al día, dependiendo de la edad del alumno y del país. En consecuencia, un niño puede estar como máximo un tercio del día en el subsistema escolar y dos terceras partes del tiempo fuera de él. Si multiplicamos las ocho horas máximas por cinco días a la semana, nos da 40 horas semanales. Si un año escolar abarca más o menos unas 35 semanas, tenemos un total máximo de 1.400 horas en las que un alumno recibirá una educación formal dentro del subsistema escolar. La proporción de horas anuales en las que no está dentro del subsistema escolar es de 7.360 (365 días por 24 horas, menos 1.400 horas). Por tanto, un alumno pasa el 84 % del tiempo de un año de su vida fuera del subsistema escolar (un 51 % si descontamos las horas de sueño) y dentro de él un máximo del 16 % de un año. ¿No es lógico pensar que la incidencia educativa del tiempo que pasa fuera del subsistema escolar (debido a su mayor proporción) pueda ser también mayor o igual a la que pasa dentro de él?

En el siguiente gráfico podemos ver otro ejemplo de unos resultados comparativos que invitan a reflexionar sobre el número de horas que los niños asisten al colegio entre los 4 y los 12 años en Cataluña (extrapolables a España y a la mayoría de los países occidentales), en comparación con el número de horas que ven la televisión y el número de horas que están conectados al ordenador.

Un hecho muy importante es la aparición en el interior de las unidades familiares de elementos no humanos que

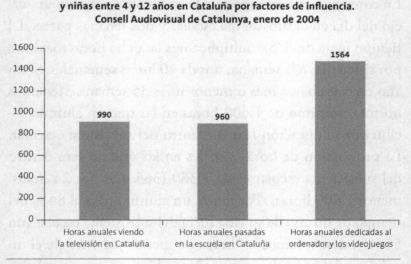

Número de horas y proporción de tiempo empleado por los niños y niñas entre 4 y 12 años en Cataluña por factores de influencia. Consell Audiovisual de Catalunya, enero de 2004

Gráfico 3: Comparación entre horas lectivas y horas de televisión y ordenador.

reestructuran el subsistema familiar: la televisión y, cada vez más, Internet. Dichos elementos no filtran ni realizan la función de mediación con los hijos en el ámbito educativo. Al desvincularse del hecho educativo, que cada vez más se considera una obligación del Estado o de instituciones privadas, las unidades familiares van perdiendo conciencia de que otros elementos, aparte de las personas, están educando a sus hijos desde dentro de la propia unidad familiar (en el hogar). La consecuencia de esta situación es que, en muchas unidades familiares, los padres pierden el control de lo que sus hijos ven o aprenden con dichos medios. Por esa razón es esencial planificar ayudas para que las familias retomen dicho control.

Independientemente del país, todas las estadísticas educativas confirman que los resultados educativos de los hijos de familias pobres son siempre peores que los resultados de las familias con ingresos elevados. ¿Cómo es posible si la familia no se encuentra en el corazón del sistema educativo? Por tanto, debe existir alguna relación entre la situación de la familia y el resultado educativo, independientemente del proceso escolar. Esto es así porque en el proceso educativo la familia desempeña un papel esencial que afecta al producto final. Esta situación queda perfectamente resumida en el siguiente texto de Marta Arias Robles:

Igual que en los países en desarrollo, la pobreza se encuentra entre los principales factores que justifican el bajo rendimiento académico y las mayores tasas de abandono de los estudios. En los

Estados Unidos, un estudio oficial realizado en 1997 demostraba que las escuelas con mayores proporciones de alumnos pobres estaban insuficientemente financiadas y equipadas, y les daban clases los profesores menos cualificados. En este mismo país, los niños más pobres obtienen peores resultados en las pruebas nacionales, tienen el doble de probabilidades de repetir curso y el triple de ser expulsados de la escuela. Cerca del 80 % de los niños pertenecientes a las familias con más recursos terminan su licenciatura en la universidad, frente a solo el 34 % de los que pertenecen a las familias más pobres. En el Reino Unido, una investigación llevada a cabo por Oxfam ha obtenido resultados parecidos: la enorme influencia de las circunstancias económicas y sociales en el aprovechamiento educativo del niño. También se han encontrado similitudes muy interesantes con las investigaciones realizadas en países en desarrollo, como puede ser el hecho de que el absentismo escolar por problemas de salud es mucho más frecuente entre niños pertenecientes a familias de bajos ingresos.[1]

Una vez planteada a nivel teórico la composición y articulación del sistema educativo, tal como lo hemos hecho en las páginas anteriores, el estudio de un sistema educativo concreto se puede realizar desde una perspectiva interna, analizando su proceso de funcionamiento, o desde una óptica externa, estudiando las entradas y salidas del sistema.

1. Arias Robles, Marta, *Educación ahora*, Barcelona: Fundación Intermón, 1999.

En este libro vamos a combinar ambos puntos de vista para estudiar el sistema educativo finlandés.

«... todas las estadísticas educativas confirman que los resultados educativos de los hijos de familias pobres son siempre peores que los resultados de las familias con ingresos elevados».

El proceso histórico de la creación y análisis de los sistemas educativos ha pasado por varias fases, que no siempre han sido lineales en función de los países comparados. En un primer momento se analizaron sobre todo las entradas (o *inputs*), comparando parámetros y datos socioeconómicos globales entre Estados. Seguidamente en el plano cronológico y en época más reciente, gracias a las aportaciones de instituciones internacionales ha sido posible el análisis y la comparación de las salidas o productos de dichos sistemas. Esta tarea extraordinaria habría sido imposible sin la existencia de organismos supranacionales que han desarrollado parámetros comparativos para evaluar los «productos educativos».

En este sentido, la creación de estructuras y organizaciones internacionales con finalidad educativa ha sido un prerrequisito imprescindible. Con la aparición de estos mecanismos de análisis y evaluación se empezó a conocer mejor la relación entre entradas y salidas del sistema educativo de cada país y a compararlos entre países. No obstante, aunque dichos análisis son enormemente provechosos en los ámbitos político y económico (por eso los financia en la actualidad la OCDE, que es el organismo de cooperación internacional de los gobiernos), carecen de la facultad de comprender cómo funcionan «por dentro» los sistemas que evalúan. Resulta difícil conocer por parte de los pilotos y los pilotados qué estructuras internas o externas se tienen que movilizar para conseguir unos objetivos determinados.

En el sistema educativo convergen, como mínimo, objetivos estatales, objetivos personales de los alumnos, objetivos de los padres y objetivos del mercado (los empresarios). El hecho de que en la actualidad sea la OCDE quien lidera la mayoría de estos estudios y que sea la institución que los fomenta, parece indicar que en este momento es el Estado quien pilota el proceso educativo.

«Muchas veces las mejoras educativas se conciben por razones económicas o funcionales, ya que se parte de la idea de que el fracaso es un despilfarro económico, pero se olvida o se calla que detrás de cada "despilfarrado" se encuentra un ser humano único».

Antes de la existencia de los actuales sistemas educativos formales, la educación y los procesos educativos han existido durante milenios. Pero fue la aparición del Estado moderno y la necesidad de formar trabajadores para él y para el mercado lo que llevó, en primer lugar a unos pocos Estados y luego a todos ellos, a considerar la educación como una materia imprescindible. La educación obligatoria apareció en el contexto de la lucha entre los diferentes Estados. El primer Estado en implantarla fue Prusia, que, gracias a la disciplina y la educación de sus soldados, pudo derrotar al ejército francés y unificar Alemania. Francia siguió a continuación el mismo camino y después los siguieron el resto de los Estados europeos y americanos, y posteriormente el resto del mundo, aunque solo sea a nivel legal, porque la implantación de la educación universal en muchos países sigue siendo problemática. Los objetivos y la finalidad de esta educación obligatoria de toda la población infantil han variado con los años debido a la evolución del contexto histórico, político, social, económico y cultural.

La conclusión de mis estudios, que figuran en la bibliografía, demuestran que es necesario conocer el sistema educativo por dentro para poder analizarlo y para entender las relaciones entre entradas y salidas, y ver que las segundas no son una consecuencia directa de las primeras. El análisis comparativo entre el sistema educativo finlandés y el español determina claramente que la clave del funcionamiento de un sistema educativo la podemos encontrar en el análisis interno de este. Para ello resulta imprescindible la colaboración de los actores que se encuentran inmersos en dicho sistema. Este análisis pone en evidencia que el modelo causa-efecto o entradas-salidas es insuficiente para explicar los fenómenos observados.

Muchas veces las mejoras educativas se conciben por razones económicas o funcionales, ya que se parte de la idea de que el fracaso es un despilfarro económico, pero se olvida o se calla que detrás de cada «despilfarrado» se encuentra un ser humano único que no volverá a existir jamás, un ser con dignidad y potencialidades al que nuestros sistemas dañan al no cumplir con los nuevos criterios de «selección natural» impuestos por los Estados o por el mercado. Visto desde esta perspectiva, un sistema puede ser injusto económica y socialmente, y también serlo desde el punto de vista moral, por carecer de un mínimo respeto por las personas y por su dignidad como seres humanos.

El sistema educativo debe tener un equilibrio para permitir el crecimiento de todo el sistema social. Si el sistema educativo crece devorando sin necesidad los recursos imprescindibles para el desarrollo y el crecimiento de la sociedad civil, no solo representará un despilfarro de energía y recursos, sino que se elevará a la categoría de catástrofe para la ecología de dicha sociedad. Pero también será catastrófico si el sistema educativo no recibe los recursos necesarios para su desarrollo y buen funcionamiento, de manera que el conjunto de la sociedad también resultará perjudicado desde su misma raíz.

El estudio del sistema educativo finlandés, que al finalizar la educación obligatoria produce un porcentaje superior al 90 % de graduados con niveles de calidad excelente, no tendría ninguna relevancia si no nos diera las claves para comprender los elementos que dan estabilidad a todo el sistema y permiten que el engranaje de las tres ruedas, que hemos visto antes, funcione a la perfección. Y muchos de esos elementos son perfectamente exportables, como veremos a continuación, sin necesidad de convertirnos en finlandeses.

2.
Finlandia: historia de un éxito educativo

Europa no ha tenido siempre la misma morfología que conocemos en la actualidad. Las costas, los lagos, los ríos y los valles han cambiado profundamente a lo largo de millones de años, marcados por la sucesión de grandes glaciaciones que sumergieron casi toda Europa bajo un casquete polar y que se fueron sucediendo con otros períodos de clima más cálidos. De hecho, en la actualidad nos encontramos en uno de esos períodos interglaciares. Los primeros restos humanos que se han encontrado en Finlandia aparecieron en «La cueva del lobo», en Susiloula, y fueron fechados en más de 100.000 años. No es necesario remontarse tan lejos para analizar los orígenes del sistema educativo finlandés, pero sí resulta necesario tener en cuenta algunos elementos de la historia de Finlandia y de su composición demográfica para comprender las características y el éxito del sistema.

Tras el retroceso de la capa de nieve y hielo al finalizar la última glaciación, las tierras que en la actualidad forman la península escandinava fueron ocupadas por tribus nómadas cazadoras y recolectoras que fueron el origen del pueblo sami (lapones), qué ocupa en la actualidad la zona más septentrional de Noruega, Suecia y Finlandia. Estas tribus se vieron empujadas hacia el norte a causa de la llegada de pueblos indoeuropeos procedentes del sur, básicamente de la zona de los Balcanes, que contaban con la enorme ventaja del dominio de la agricultura y la ganadería, lo que permitía un aumento de los alimentos disponibles y con ello el crecimiento de la población. Las relaciones entre estos pueblos agrícolas y conquistadores con los pobladores cazadores-recolectores fueron a veces pacíficas y basadas en los intercambios comerciales, pero con frecuencia consistían en una lucha violenta por la supervivencia que llevaba a la asimilación o destrucción de los más débiles. Uno de estos pueblos, que no era indoeuropeo, sino de origen finoúgrico, procedente de más allá de los Urales, ocupó progresivamente el territorio que ocupa la Finlandia actual y se considera que son el origen de los finlandeses.

Más adelante, con la desaparición del Imperio romano y el establecimiento del Sacro Imperio romano germánico, los pueblos bálticos y escandinavos se convirtieron en el último reducto del paganismo en Europa y fueron el objetivo misionero y pacificador tanto de la Iglesia católica como de la Iglesia ortodoxa, vinculada a los emergentes principados rusos. En esta época, Finlandia quedaba bajo la esfera de influencia del reino de Suecia, a la vez que estaba sometida a la presión de la influencia creciente del principado ruso de Nóvgorod, lo que convertía este territorio en un punto de contacto y fricción entre dos grandes potencias políticas y dos formas diferentes de entender el cristianismo, el catolicismo y la ortodoxia ruso-oriental.

La integración de Finlandia dentro del reino sueco permitió la supervivencia de la lengua y la cultura finlandesa, vinculada a la población autóctona burguesa y campesina, mientras que la nobleza, básicamente de origen sueco, siguió con sus vínculos lingüísticos y culturales, de manera que durante mucho tiempo existió un bilingüismo relacionado con la clase social de los individuos. No obstante, una parte de la Finlandia histórica que quedó sometida al principado de Nóvgorod perdió totalmente sus rasgos culturales propios, porque la política rusa era la integración de poblaciones étnicamente diferenciadas mediante la imposición de la lengua rusa y la religión ortodoxa.

Este elemento histórico resulta relevante para nuestro estudio porque en Finlandia persiste en la actualidad esa diferenciación cultural y lingüística entre los tres grupos de población que hemos mencionado: los sami, la minoría sueca y la población mayoritariamente finlandesa.

Otro rasgo histórico destacado a tener en cuenta es que en 1523 Gustavo Vasa declaró la independencia de Suecia (que en aquel momento estaba formada por las actuales Noruega, Suecia y Finlandia) del reino de Dinamarca y constituyó un reino propio. Para reforzar aún más la independencia del nuevo reino y rechazar la intromisión política del papado, que apoyaba al rey de Dinamarca, Gustavo Vasa permitió la introducción del luteranismo en su reino y, a partir de ese momento, se integró en la política europea durante la Reforma.

«Esta obligación religiosa, facilitada por las traducciones y por la extensión y abaratamiento de los libros con la difusión de la imprenta, permitió un aumento significativo del nivel cultural y una reducción importante de las tasas de analfabetismo, sobre todo en los países que se unieron a la Reforma, entre ellos Finlandia».

La adscripción de Suecia a la Reforma resulta de gran importancia para el desarrollo de la educación en el reino, porque uno de los principios del cambio religioso impulsado por Martín Lutero era la «Sola Scriptura», es decir, las Sagradas Escrituras son la única fuente de la verdad cristiana y junto a ellas no cabe un «magisterio eclesiástico» como en el caso de la Iglesia católica. Este recurso constante a las Escrituras significaba que se debía acercar la Biblia al pueblo, con lo que se hizo necesaria su traducción a casi todas las lenguas importantes del mundo. El Nuevo Testamento fue publicado en sueco en 1526 y en finés en 1548, y del mismo siglo XVI datan las traducciones al alemán (la primera fue traducida por el mismo Lutero), al castellano, al francés o al italiano. Al mismo tiempo que se realizaba esta ingente labor editorial era necesario impulsar el aprendizaje de la lectura, porque cada creyente debía ser capaz de leer y reflexionar sobre la palabra de Dios, que debía conocer de primera mano y no a través del filtro eclesiástico. Esta obligación religiosa, facilitada por las traducciones y por la extensión y el abaratamiento de los libros con la difusión de la imprenta, permitió un aumento significativo del nivel cultural y una reducción importante de las tasas de analfabetismo, sobre todo en los países que se unieron a la Reforma, entre ellos Finlandia.

Posteriormente, como consecuencia de la guerra civil sueca de 1610-1617, Finlandia quedó sometida a un control más estricto por parte de la corona sueca que, en la persona de Carlos IX, intentó unificar el país con un aumento del centralismo y la imposición de la lengua sueca como el idioma oficial de la Administración y la cultura. Esta política llevó a la creación de siete institutos de enseñanza secundaria entre 1623 y 1631, como consecuencia de una reforma educativa impulsada por el canciller sueco Axel Oxenstierna. La educación utilizaba el sueco como lengua vehicular y a estas instituciones accedían principalmente los hijos de la nobleza, los terratenientes y la burguesía ciudadana, los cuales disponían de los recursos económicos suficientes para pagar esta instrucción. La consecuencia más palpable de esta reforma educativa fue la profundización de la división del país en dos comunidades de lenguas diferentes, cosa que iba a ser la clave de diferentes conflictos posteriores. Asimismo, quedó claramente establecido que el finés se consideraba la lengua plebeya, mientras que el sueco era la lengua culta del reino.

Poco después, en 1640, se crea la Academia de Turku, que será la primera universidad en Finlandia, aunque también en lengua sueca y con el objetivo fundamental de formar a los nuevos clérigos y funcionarios del reino de Suecia. La creación de esta institución permitió que los alumnos ya no se vieran obligados a desplazarse a universidades de Suecia, Alemania o Francia, y también permitió aumentar el número de personas técnicamente bien preparadas para servir al Estado.

«Esta responsabilidad del individuo permitió el desarrollo de una ética protestante que se aplicó en todos los niveles y aspectos de la educación, y de la que se destacan los valores del esfuerzo y la responsabilidad personal».

La creación de la universidad se considera uno de los hitos más importantes de la historia educativa de Finlandia, porque a pesar del predominio del sueco y la orientación claramente centralizadora de la institución, poco a poco se fue finlandizando y se convirtió en el centro de la vida cultural del país, centrándose en la investigación lingüística, el arte y la poesía populares, y la historiografía como medio para cimentar una conciencia nacional con raíces históricas y culturales. Un indicio claro de esta transformación se encuentra en la nacionalidad de los catedráticos: en 1640, momento de su fundación, eran mayoritariamente suecos, mientras que en 1808, final del dominio sueco e inicio de la soberanía rusa, ya solo había 8 suecos frente a 27 finlandeses.

No vamos a seguir con la historia de la educación en Finlandia, que no es el objetivo de este libro, pero sí querríamos destacar un último aspecto que debemos tener en cuenta al analizar la situación actual del sistema educativo finlandés. Hasta ahora ya hemos mencionado que la adscripción de Finlandia a la Reforma y el establecimiento de la Iglesia luterana en el país provocó un cambio en el acceso a la lectura e impulsó la responsabilidad del creyente de acercarse personalmente al texto sagrado, además de un esfuerzo por traducir las Escrituras a las lenguas vulgares y, de paso, fijar por primera vez la gramática de muchas lenguas, entre ellas el sueco y el finés.

Esta necesidad de formar a los creyentes llevó a la creación de escuelas por parte de la Iglesia luterana, con el objetivo de formar a los fieles, no solo niños sino también adultos, al mismo tiempo que permitían el acceso de la mujer a los niveles más básicos de la educación, los cuales hasta entonces le estaban vedados. Esto fue mucho más importante entre las mujeres nobles que entre las plebeyas, pero en cualquier caso fue un primer paso para introducir el concepto de educación femenina, necesaria para que, como creyentes, se pudieran acercar a Dios. Esta responsabilidad del individuo permitió el desarrollo de una ética protestante que se aplicó en todos los niveles y aspectos de la educación, y de la que se destacan los valores del esfuerzo y la responsabilidad personal.

Además, en este marco religioso, el maestro se convierte en el intermediario que te permite llegar a la palabra de Dios y es la persona que te abre las puertas de la salvación y te permite establecer una relación propia con la deidad. En consecuencia, el prestigio y la valoración social de la profesión ascienden si se comparan con otros períodos de la historia, o con otros países, y se ha mantenido hasta la actualidad.

No obstante, tampoco se puede obviar que esta fundamentación religiosa de la lectura, que permitió una reducción drástica del analfabetismo, tuvo también una vertiente negativa al despertar muy poco interés por la formación matemática y científica, que quedó en un segundo plano hasta la llegada de la Ilustración, con su espíritu crítico y su impulso a las ciencias experimentales, aunque el dinamismo del sistema educativo finlandés permitió recuperar con gran rapidez este desfase.

Esta última reflexión sobre los valores nos permite enlazar con el momento actual, porque las creencias y los valores sociales desempeñan un papel muy importante en la educación y el funcionamiento del sistema educativo. El contexto actual determina que se desarrollen determinados valores que, de una forma explícita, se contemplan en la Constitución finlandesa. La situación actual determina el orden de prioridades de los valores si se los compara con otros momentos históricos, de manera que inhibe determinados valores constitucionales y a la vez favorece el desarrollo de otros, que, adaptándose a las circunstancias, deben dar respuesta a las exigencias del contexto internacional. En este sentido se podría decir que la Constitución es como el genotipo (el material genético) que representaría todas las potencialidades y opciones de una cultura, mientras que el fenotipo (que sería la expresión siempre limitada de ese material) se manifestaría según el contexto sociohistórico en que se desarrollara. En este sentido, los países cuyas Constituciones no posean valores claramente compatibles con la globalización, tendrán muchas más dificultades para adaptarse a la nueva situación.

En el caso de Finlandia, los valores transmitidos por el credo cristiano luterano pueden ayudar a canalizar la expresión de la individualización al asociar dicho proceso con un aumento de la responsabilidad moral personal, mientras que en los países que no cuentan con dicha tradición, el proceso de individualización puede desencadenar una búsqueda del placer personal y una progresiva fragmentación de la sociedad en diferentes grupos e individuos.

> «Uno de los ejes fundamentales de la escala de valores de los finlandeses es el desarrollo personal como ser humano. Valoran a las personas por lo que son y hacen, y no por lo que fueron sus padres o por el grupo social al que pertenecen».

Actualmente parece que los valores occidentales, basados en el individualismo, están en el núcleo central de la sociedad, frente a los valores comunitarios, que eran más típicos de las culturas orientales y que con el derrumbe de la URSS y del Bloque del Este parece que han quedado temporalmente desactivados.

En el caso concreto de Finlandia, ¿cuáles son los valores que impregnan su sociedad?

Para los finlandeses, lo más importante es el hogar y la familia, seguido del trabajo, los amigos y el tiempo de ocio, mientras que la política y la religión no ocupan un papel relevante en su escala de valores. Una gran proporción de los finlandeses parece que no atribuye a la política ninguna importancia en su vida (lo que los diferencia sustancialmente de los suecos, que le dan una gran relevancia) y le dan menos valor aún a la religión. Pero apoyan en un 70 % el mantenimiento del Estado del bienestar y consideran que la redistribución de la riqueza es uno de sus objetivos esenciales. Para la mayoría de los finlandeses, la creación de riqueza es una responsabilidad personal, aunque tienen mayor tendencia que los suecos a delegar otras responsabilidades en las autoridades públicas.

También tiene una importancia esencial el valor de la solidaridad o de «ayudar a los demás» (el 94 % de la población está a favor) y consideran que se debe trabajar para crear una sociedad mejor en la que no existan discriminaciones por ninguna razón y se difuminen las fronteras entre los roles de género tradicionales.

Uno de los ejes fundamentales de la escala de valores de los finlandeses es el desarrollo personal como ser humano. Valoran a las personas por lo que son y hacen, y no por lo que fueron sus padres o por el grupo social al que pertenecen. Para conseguir ese desarrollo personal, es decir, el trabajo en uno mismo, desempeñan un papel esencial los estudios que se le ofrecen gratuitamente. En ese desarrollo es de vital importancia descubrir cosas sobre uno mismo, tener éxito en lo que se hace y no dar demasiada importancia al dinero. Por eso dedican mucho tiempo a su desarrollo individual y, a nivel colectivo, el grado de satisfacción con su democracia nacional les da confianza; mientras que la desconfianza se dirige claramente hacia la Unión Europea.

Sin embargo, esta desconfianza no es una muestra de cerrazón o introversión, porque los jóvenes utilizan Internet en una proporción cinco veces superior a la media comunitaria, son capaces de hablar correctamente una segunda lengua (situándose como el primer país de la UE en este aspecto) y están contentos de que vivan extranjeros en su país. A lo que se une el gran interés por los derechos de los ciudadanos y el nivel de lectura por habitante más alto de toda la Unión. Este último aspecto nos hace pensar que el gusto por la lectura se fomenta activamente en la sociedad y se ha desarrollado en el sistema educativo, de manera que los resultados obtenidos por los alumnos finlandeses en las pruebas de comprensión lectora realizadas por la OCDE, en las que obtuvieron las puntuaciones más altas del mundo, no son una casualidad.

Algo parecido se puede decir del dominio de una segunda lengua, que es un resultado claro de una política educativa orientada al fomento del aprendizaje de un segundo idioma. En ambos casos podemos pensar que este dominio de las lenguas escritas se ha convertido en un instrumento que facilita el desarrollo personal individual, que es uno de los grandes valores de esta sociedad.

Los recelos que despierta la UE entre los finlandeses son consecuencia de otros valores de su sociedad: la accesibilidad de las instituciones públicas y la facilidad para obtener información de estas. En este sentido, las instituciones europeas no son precisamente un ejemplo de transparencia y democracia, de manera que las perciben como lejanas, poco democráticas, poco accesibles y con un ritmo de integración demasiado acelerado.

> «Esta ausencia de impedimentos burocráticos transmite una sensación de libertad y de no vivir en compartimentos estancos».

Si tenemos en cuenta esta opinión sobre la Unión Europea, no resulta extraño que para los finlandeses la característica más importante de un servicio público sea su accesibilidad, seguida de su actuación en función del interés general, que no busque ganar dinero y que el servicio esté asegurado por el Estado. Por ello, confían en los servicios públicos para ofrecer una serie de prestaciones modernas y de calidad que garanticen los derechos sociales de todos los ciudadanos y, en menor medida, favorezcan un sentimiento de solidaridad e identidad nacional. También consideran que en el futuro los servicios públicos tendrán más importancia para la vida del país, lo que contrasta fuertemente con la opinión mayoritaria en los otros países de la UE, y que en el futuro su objetivo principal será la mejora de la calidad de los servicios ofrecidos. Queda muy rezagado en segundo lugar la disminución de su precio o un impulso a su modernización, y solo el 4 % de la población cree que se deben privatizar.

Dos ejemplos muy sencillos pueden ilustrar la facilidad de acceso a las instituciones públicas en Finlandia. El primero de ellos es la posibilidad real de obtener una entrevista y hablar personalmente con cualquier cargo político, educativo o social, cosa que en España es completamente inaccesible para cualquier ciudadano de a pie. Y el segundo es el acceso libre a cualquier información que se encuentre en las bibliotecas públicas, entendiendo como tales todas las bibliotecas, sin necesidad de ser alumno de una universidad determinada o la necesidad de obtener un carné especial. Esta ausencia de impedimentos burocráticos transmite una sensación de libertad y de no vivir en compartimentos estancos y, en el caso concreto de las bibliotecas, facilita un mayor acceso a la lectura y al estudio, hecho que permite a todos una igualdad de oportunidades real que de otra forma no se daría.

El sistema educativo se considera sin ninguna duda como un servicio, y solo una minoría muy exigua aboga por su privatización. Las condiciones de igualdad de oportunidades son fundamentales para entender esta perspectiva y existe un consenso fundamental en este tema entre todos los agentes políticos y sociales que actúan en el Estado. En el próximo capítulo analizaremos más a fondo el sistema educativo finlandés y profundizaremos en estos aspectos.

Otro rasgo destacable de la sociedad finlandesa es la existencia de una gran conciencia ecológica en todas las capas sociales. El 40 % de los finlandeses prioriza la conservación del medio ambiente sobre el crecimiento económico y la creación de empleo. La mitad de la población se sacrificaría económicamente si supiera que lo que paga se utiliza totalmente para mejorar el medio ambiente, aunque solo una minoría se declara abiertamente militante medioambiental. Este factor ecológico aumenta con el nivel socioeconómico, pero no depende exclusivamente de los niveles de ingresos, porque los productos de consumo que pueden dañar el medio ambiente son descartados automáticamente por la mayoría de la población.

> **«El sistema educativo se considera sin ninguna duda como un servicio, y solo una minoría muy exigua aboga por su privatización. Las condiciones de igualdad de oportunidades son fundamentales para entender esta perspectiva y existe un consenso fundamental en este tema entre todos los agentes políticos y sociales que actúan en el Estado».**

En este sentido, y enlazando con el inicio de este apartado sobre los valores reflejados en la Constitución, su artículo 14 recoge la responsabilidad de cada individuo sobre la naturaleza y considera que este es un deber fundamental de los ciudadanos. Como comentamos más arriba, este es un valor muy antiguo cristalizado en su carta magna y que ha adquirido importancia por la situación actual.

Finlandia es uno de los países más ecológicos de la OCDE y dobla la media de superficie de bosques del conjunto de los países de dicha institución, además de tener un nivel de contaminación envidiablemente bajo. Por poner un solo ejemplo con uno de los contaminantes más peligrosos para la salud física y mental, el ruido, España produce 45 veces más ruido que Finlandia, donde solo un 3 % de la población está sometida a un nivel de ruido que se considera peligroso, mientras que en España lo está un 19 %.

Este ecologismo se inscribe en una profunda crisis de la idea de progreso, consecuencia de la dura crisis económica y social que sufrió Finlandia en la década de 1990. En la actualidad, la mayor parte de la población ha abandonado la idea de un progreso exponencial, lineal e infinito, y se decanta por la construcción de una sociedad en la que estén satisfechas las necesidades básicas en un marco de democracia, tolerancia y progresismo.

En definitiva, los finlandeses valoran a las personas por lo que son y por lo que hacen, y tienen claro que todo esto se consigue con el estudio, con el trabajo y con la ayuda de los demás. Para los finlandeses, la familia es lo primero, apoyan su Estado del bienestar y tienen claro que las instituciones públicas deben ser accesibles y funcionar en interés de todos los ciudadanos, con criterios de no rentabilidad para ofrecer un servicio de calidad asegurado por el Estado. A todo esto se une una defensa de la igualdad de oportunidades y una marcada conciencia ecológica. El objetivo estratégico de Finlandia es la búsqueda de la eficiencia a toda costa con el fin de desarrollar una sociedad del conocimiento que se sitúe a la cabeza del mundo, compitiendo para ello con Estados Unidos o Japón, pero con la diferencia esencial de que pretenden combinar este desarrollo con la conservación de un Estado del bienestar que se caracterice por una muy alta equidad social.

> **«... los finlandeses valoran a las personas por lo que son y por lo que hacen, y tienen claro que todo esto se consigue con el estudio, con el trabajo y con la ayuda de los demás».**

Todos estos valores se reflejan y transmiten en el sistema educativo finlandés, y el Estado del bienestar aparece como el apoyo fundamental de dicho sistema, ya que garantiza unas condiciones de igualdad de oportunidades sociales que superan las posibilidades del propio sistema educativo. Ofrecer la igualdad de oportunidades escolares sin ofrecer una igualdad similar en otras facetas sociales resulta una trampa que aparenta una situación de igualdad de oportunidades pero que no afronta un cambio real de las estructuras sociales.

En Finlandia, el sistema educativo está arropado por el Estado del bienestar y los resultados educativos no serían los mismos sin la existencia de una serie de condiciones que vamos a repasar de manera telegráfica.

En Finlandia existen 300.000 familias que reciben subvenciones para poder cubrir sus necesidades básicas. En su mayoría, estas unidades familiares están compuestas por mujeres solas con hijos. Sin una igualdad de oportunidades económicas para poder comer, vivir y desarrollarse, el rendimiento académico de los hijos de dichas familias no sería el mismo.

Los servicios de salud son gratuitos para los menores de 16 años. Resulta evidente que sin una base sanitaria correcta e igual para todos, sobre todo en la calidad del servicio, que ofrezca a todos los niños la oportunidad de acceder a los mismos servicios de salud, la igualdad educativa se vería dañada, porque un niño enfermo, con problemas físicos o emocionales, no puede rendir lo mismo que un niño sano.

Las revisiones y los controles sanitarios a las madres y sus hijos se programan hasta que estos últimos cumplen los 6 años, que es el período más importante para el desarrollo físico, neurológico, cognitivo y motriz de los niños. Esta vigilancia propicia que todos los alumnos ingresen en el sistema escolar en las mismas condiciones de salud y con los posibles problemas detectados de manera precoz. En España, por ejemplo, las escuelas detectan muchos niños con problemas de hiperactividad, motrices, logopédicos, etc. después de integrarse en el sistema escolar y, con frecuencia, después de varios años con un bajo rendimiento. Para canalizar dichos problemas resulta totalmente imprescindible detectarlos y tratarlos antes de entrar en el sistema escolar para que todos los niños tengan las mismas oportunidades al empezar el aprendizaje de la lectura y la escritura.

El bebé se desarrolla en el vientre materno rodeado por la placenta y en el momento de nacer se integra en una placenta externa, la familia, donde durante los seis años siguientes tiene lugar una parte muy importante de su desarrollo como ser humano. En Finlandia existe una preocupación especial en garantizar la máxima calidad de este nuevo medio embrionario familiar con el fin de que todos los niños dispongan de unas condiciones sociales lo más similares posible.

Este seguimiento sanitario en el medio familiar se amplía a la escuela, donde existe una dotación de enfermeras y psicólogos que controlan la calidad de ese medio nuevo y que actúa como sustituto de la familia durante una parte de la jornada infantil. Se hace especial hincapié en el control odontológico de los alumnos, por razones estéticas pero también como un elemento esencial de la salud integral de la persona. Además, durante el embarazo y los primeros años de vida del bebé, los padres reciben cursos de salud nutricional, organizados por los ayuntamientos y financiados por el Estado, para garantizar una nutrición correcta de los niños, ya que esta influye en su rendimiento escolar. En este sentido, todos los alumnos y maestros comen en el centro escolar, con menús preparados según las indicaciones del Consejo de Pediatría del país. Esta comida está financiada por el Estado y forma parte de su política de igualdad de oportunidades.

Las comisiones de salud educativa, formadas por el personal sanitario adscrito a los centros escolares, analizan los efectos de las tareas escolares sobre la salud de los alumnos, porque se considera que un horario recargado, sin posibilidades de descanso durante largas horas y sin tener en cuenta las necesidades de los niños, afecta a su salud, a su rendimiento y a su conducta en las aulas.

> **«Ofrecer la igualdad de oportunidades escolares sin ofrecer una igualdad similar en otras facetas sociales resulta una trampa que aparenta una situación de igualdad de oportunidades pero que no afronta un cambio real de las estructuras sociales».**

Los programas de salud y de prevención de accidentes en las escuelas están orientados a los alumnos y no a los profesionales que trabajan en los centros educativos, en claro contraste con la situación en España, donde las normas de salud e higiene se aplican sobre todo a los trabajadores pero no a los alumnos de los centros.

Esta preocupación general por la salud se refleja también en el contenido de la enseñanza impartida a los alumnos y en la formación del profesorado, que cuenta siempre con ayuda especializada para el trato con niños con necesidades educativas especiales o que presentan problemas de salud importantes. Un aspecto destacado de esta educación sanitaria es la educación sobre la sexualidad, que convierte a

Finlandia en el país europeo con la tasa más baja de embarazos no deseados.

**«Los programas de salud y de prevención
de accidentes en las escuelas están orientados
a los alumnos y no a los profesionales que
trabajan en los centros educativos,
en claro contraste con la situación en España,
donde las normas de salud e higiene se aplican
sobre todo a los trabajadores pero no
a los alumnos de los centros».**

En definitiva, las ayudas económicas a las familias por el simple hecho de tener hijos permiten una gran estabilidad del núcleo familiar, aunque pase por una situación de desempleo o de disolución por divorcio, separación u otras razones. Esas ayudas permiten que la gran mayoría de los niños y niñas finlandeses no vivan en la pobreza. Los finlandeses creen que la pobreza infantil está asociada directamente al fracaso escolar. Dicha estabilidad permite también un mayor grado de libertad a las madres para no tener que soportar situaciones intolerables a causa del comportamiento de su pareja. En conjunto, se pretende garantizar que todos los alumnos se integren en el sistema escolar con las mismas oportunidades. El medio social garantiza que, como individuos y como parte integrante de una familia, se encuentran en la misma posición de salida al iniciar la vida escolar, porque el Estado del bienestar compensa las desigualdades económicas, sociales o de salud. En consecuencia, dos de los engranajes del sistema educativo, las estructuras socioculturales y la familia, se refuerzan para que el tercer engranaje, la escuela, permita que todos los alumnos tengan las mismas oportunidades.

No obstante, el éxito del sistema educativo finlandés no se puede atribuir exclusivamente a cuestiones económicas o a la existencia de un Estado del bienestar muy desarrollado, porque Suecia, Noruega y Dinamarca disponen de medidas de protección social mucho más importantes que Finlandia y sus resultados en todos los aspectos educativos analizados internacionalmente no están a la altura de los resultados obtenidos por los estudiantes finlandeses, como se puede comprobar en el siguiente cuadro:

Países	Renta 1993 en dólares americanos	Posición con respecto a la renta	Resultados en comprensión lectora PISA 2001	Posición con respecto a los resultados de competencia lectora
DINAMARCA	26.730	1	497	4
NORUEGA	25.970	2	505	3
SUECIA	24.740	3	516	2
FINLANDIA	19.300	4	546	1

Cuadro 2: Renta y resultados PISA de los países escandinavos.

Como podemos observar comparando las columnas 3 y 5, la renta de las personas nacidas en la década de 1990, que corresponde a los alumnos evaluados en el informe

PISA de 2001, no fue proporcional en los países nórdicos con sus resultados respecto a las competencias lectoras, sino que la relación fue inversamente proporcional: a mayor renta, peor rendimiento. A pesar de que desde 1993 hasta 2006 Finlandia ha ido reduciendo las distancias respecto a Suecia, Noruega ha disparado espectacularmente su PIB per cápita, pero esta situación no se refleja en sus resultados educativos.

«... podemos llegar a la conclusión de que los resultados españoles relativamente positivos se pueden atribuir al sistema escolar, mientras que el número de alumnos españoles que no superan la enseñanza obligatoria (nuestro llamado "fracaso escolar") debe de estar relacionado con las tasas muy bajas en las variables de Estado del bienestar, sanidad, PIB e inversión en educación».

A partir de estos datos, ¿cómo se puede explicar que desde 1992 Finlandia estuviera sometida a una grave crisis económica, la más grave desde la Segunda Guerra Mundial y que no sufrieron sus vecinos escandinavos, y que a pesar de ello siga siendo el país que obtenga mejores resultados en comprensión lectora? ¿Cómo podemos explicar que hace una década Finlandia tuviera unos resultados mediocres en matemáticas y ciencias y que actualmente se encuentre entre los cuatro países punteros de la OCDE?

Parece obvio que los indicadores de mantenimiento del Estado del bienestar y las variables económicas no son los valores críticos para entender la excelencia en competencia lectora, matemáticas y ciencias de los alumnos finlandeses. Resulta interesante comprobar que España obtiene rendimientos parecidos a Suecia y Noruega en estos tres campos, pero nuestro nivel de fracaso escolar es comparativamente escandaloso. Por ello, podemos llegar a la conclusión de que los resultados españoles relativamente positivos se pueden atribuir al sistema escolar, mientras que el número de alumnos españoles que no superan la enseñanza obligatoria (nuestro llamado «fracaso escolar») debe de estar relacionado con las tasas muy bajas en las variables de Estado del bienestar, sanidad, PIB e inversión en educación.

La variable del fracaso escolar histórico y de la formación general de la población también podría ser un factor importante para explicar la excelencia de los resultados de los alumnos finlandeses actuales. Para tener un dato comparativo, la población entre 18 y 24 años que dispone de un nivel máximo de primer ciclo de secundaria (lo que en España correspondería a la ESO) y que no prosigue sus estudios, es del 31,2 % en España y del 9,9 % en Finlandia, mientras que la media de la Unión Europea es del 14,4 %, según datos de 2009. En el gráfico de la página siguiente se puede ver la comparación entre los cuatro países nórdicos y España, según el informe de la OCDE de 2004.

Podemos constatar que Noruega y Suecia son los países que tienen menos población adulta que no tenga el primer

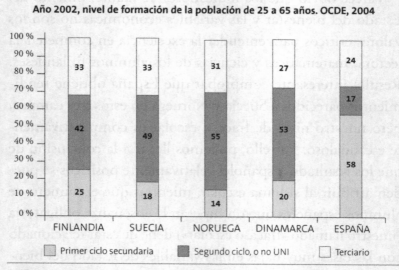

Año 2002, nivel de formación de la población de 25 a 65 años. OCDE, 2004

Gráfico 4: Nivel de formación de la población de 25 a 65 años.

ciclo de secundaria. En comparación, destaca claramente que España tiene un grave problema de retraso acumulado en su población, ya que más de la mitad de los adultos no tienen el nivel de primer grado de secundaria. Pero si nos centramos en Finlandia, también parece claro que los grandes éxitos de los alumnos actuales no se pueden deber al desarrollo educativo de sus padres y abuelos, que es superior a la situación española pero claramente inferior a la de Suecia o Noruega, que deberían ser los dos países que encabezasen los resultados educativos, pero no es así.

Hasta aquí hemos visto toda una serie de variables históricas, políticas, sociales y económicas que ayudan a explicar en parte el éxito del sistema educativo finlandés en las pruebas comparativas internacionales, pero que no son suficientes para justificar dicho éxito, porque otros países escandinavos presentan evoluciones históricas, políticas, sociales y económicas muy parecidas a la finlandesa y, en cambio, han quedado rezagados en los resultados en las competencias lectora, matemática o científica comparados con los finlandeses. Esto nos lleva a la conclusión de que las razones del éxito finlandés se deben buscar en su subsistema educativo o escolar.

3.
Pruebas internacionales y niveles de excelencia del sistema educativo

Hasta el momento hemos analizado el contexto en el que se ha desarrollado el sistema educativo de Finlandia, que tiene su origen en el planteamiento de dos objetivos estratégicos fundamentales por parte de los diferentes gobiernos del país escandinavo. El primero de ellos fue potenciar el conocimiento y el dominio de sus lenguas nacionales (finés y sueco) y la educación como elemento de cohesión social interna y de identidad, y como defensa ante las amenazas externas, principalmente la Unión Soviética hasta 1992 y posteriormente el actual contexto de una sociedad globalizada. El segundo objetivo pretendía conseguir que Finlandia liderase la sociedad del conocimiento sin renunciar a su Estado del bienestar, potenciando para ello dos valores centrales: la equidad y la calidad.

Como hemos visto, este planteamiento estratégico nace de un largo proceso de decisiones históricas exitosas en diversos ámbitos y existen muchas evidencias científicas que indican que Finlandia está alcanzando ambos objetivos con un coste económico bajo en comparación con sus competidores. En consecuencia, nos encontramos ante un país que ha diseñado una estrategia política, ha organizado una serie de procesos y actuaciones concretas, y está consiguiendo alcanzar sus objetivos con una eficiencia elevada.

«El primer objetivo fue potenciar el conocimiento y el dominio de sus lenguas nacionales (finés y sueco) y la educación como elemento de cohesión social interna y de identidad, y como defensa ante las amenazas externas».

Simplemente con estas premisas ya valdría la pena estudiar el sistema educativo finlandés, que es una parte integrante de su sistema social. Pero resulta aún más interesante cuando podemos constatar que los niveles de fracaso escolar son bajos y que los niveles de graduación son altos al finalizar los estudios obligatorios; o cuando vemos las evidencias incuestionables del alto grado de excelencia educativa de los resultados de los alumnos finlandeses y que estos persisten a lo largo del tiempo. A continuación vamos a analizar estos y otros aspectos del sistema educativo de Finlandia con el objetivo de extraer las lecciones sobre las que podamos reflexionar por si pueden extrapolarse o adaptarse al sistema educativo español.

Empecemos por analizar el fracaso escolar. Si se considera que la tasa de fracaso escolar es el reflejo numérico de aquellos alumnos que abandonan el sistema educativo al finalizar la educación obligatoria, la tasa finlandesa se sitúa alrededor del 6%. Menos del 0,4% de los alumnos repiten algún curso de primaria y al finalizar los estudios de educación secundaria obligatoria un 54% de los alumnos se decantan hacia el bachillerato y un 40% se dirigen a la formación profesional. La tasa de graduación de una promoción de enseñanza secundaria obligatoria es del 94% y solo un 1% de los estudiantes puede repetir curso excepcionalmente. En este último aspecto, los resultados en Finlandia son muy parecidos a los otros países nórdicos y resulta evidente que la política de no repetir curso en las escuelas escandinavas está relacionada con su política de igualdad de oportunidades y otras medidas de atención a la diversidad, que deben ser muy eficientes. Queda claro que la causa del bajo nivel de fracaso escolar no se puede atribuir a la posibilidad de repetir cursos.

Con estos datos parece evidente que la repetición de curso debería ser una respuesta excepcional al fracaso escolar. En 1998, la Unesco publicó datos comparativos de numerosos países que ponían de relieve que los alumnos «mayores de la edad normal» experimentan más dificultades que sus condiscípulos en lectura, matemáticas y ciencias. Todo ello tiende a probar que la repetición no contribuye a ayudar al alumno a mejorar su nivel de competencia y retrasa su progresión.

> «El segundo objetivo pretendía conseguir que Finlandia liderase la sociedad del conocimiento sin renunciar a su Estado del bienestar, potenciando para ello dos valores centrales: la equidad y la calidad».

A esto debemos añadir que en los países que no practican las repeticiones de curso, especialmente en los escandinavos, los resultados escolares en las competencias básicas no son peores que en los demás, lo que genera serias dudas sobre la eficacia de la repetición como medida educativa efectiva y eficiente.

En 1992, la OCDE ya publicó un informe que constataba que el número de alumnos que abandonaban el sistema educativo al finalizar los estudios secundarios obligatorios era del 4,4 % en Noruega, del 7,2 % en Finlandia, del 17 % en Suecia y del 39,9 % en España. Como el abandono del sistema educativo está muy asociado al fracaso escolar, nos podemos hacer una idea del fracaso proporcional de cada país y extraer sus consecuencias. Desde esa fecha el sistema educativo español ha sufrido numerosas reformas legislativas (véase cuadro 1), pero no se ha logrado una mejora en la tasa de fracaso escolar, que sigue siendo superior al 30 %, y no nos acercamos a la media de los países escandinavos ni de la Unión Europea. En este sentido puede ser interesante saber el coste que los finlandeses han calculado por cada alumno que fracasa en su sistema, asociado con lo que han de invertir en él. El señor Arvo Jäppinen, director general del Departamento de Formación y Política Científica del Ministerio de Educación de Finlandia, el 12 de diciembre de 2005 comunicó en las jornadas «A propósito de PISA: La formación del profesorado en Finlandia y España» celebradas en Madrid una información muy significativa: «Nuestro modelo educativo no es caro. No lo es porque el coste medio para los alumnos es de unos 5.200 euros por año. Si perdemos uno de esos alumnos del sistema educativo hemos calculado que a la larga el coste económico global de esa pérdida puede ser cercano al millón de euros». Si esas cifras fueran parecidas en España, la riqueza nacional estaría gravemente afectada.

Esta baja tasa de fracaso escolar se ha visto acompañada a lo largo de las dos últimas décadas por una mejora progresiva en los niveles de excelencia educativa, medidos a través de las pruebas de dos organismos internacionales: la IEA[2] y la OCDE. La IEA nació como una organización internacional de maestros y fue la pionera en la realización de estudios comparativos del sistema educativo, que suelen medir la situación de los alumnos a dos edades muy concretas: a los 9 años y a los 14-15 años. La OCDE es una organización que

---

2. International Association for the Evaluation of Educational Achievement (Asociación Internacional para la Evaluación de los Logros Educativos).

integra los gobiernos de los Estados miembros y su objetivo principal es medir la situación de los alumnos al culminar sus estudios a los 15 años. En este sentido, la OCDE está más interesada en la evaluación del producto educativo, que en el análisis de los procesos educativos en sí mismos. El primer organismo publica regularmente, entre otros, los estudios TIMSS (Estudio Internacional de las Tendencias en Matemáticas y Ciencias, en sus siglas en inglés) y el segundo es el responsable de los famosos informes PISA (Programa para la Evaluación Internacional de Alumnos, en sus siglas en inglés), que domina en los últimos años el panorama de las pruebas internacionales al contar con equipos de profesionales de un nivel excelente en todos los países, grandes medios técnicos y recursos financieros suficientes.

«… el sistema educativo español ha sufrido numerosas reformas legislativas, pero no se ha logrado una mejora en la tasa de fracaso escolar, que sigue siendo superior al 30 %, y no nos acercamos a la media de los países escandinavos ni de la Unión Europea».

En las pruebas realizadas en 1991 por la IEA sobre rendimiento lector, Finlandia resultaba ser el país con mejores índices de niveles de competencia lectora, hecho que se vio corroborado por los datos publicados en 1993 por la OCDE sobre la competencia lectora a los 14 años y que se resumen en el gráfico siguiente:

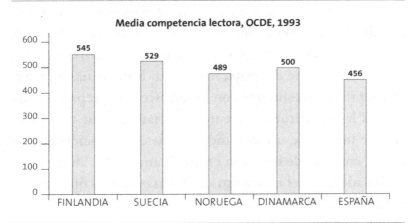

Gráfico 5: Competencia lectora en 1993.

En el estudio de la IEA participaron 31 países y se evaluaron las competencias lectoras de niños y niñas de 9 años y de 14 años. En los dos casos, Finlandia fue el primer país por sus excelentes resultados, de los cuales destacaban especialmente los de las niñas. El estudio analizaba tres tipos de dominio de la lengua (narrativo, explicativo y lectura de diversos documentos) y a la edad de 9 años los niños finlandeses tenían resultados superiores a todos los países del estudio en los tres tipos señalados y en la media general. Este dato resultaba muy impactante porque la escolaridad empezaba en Finlandia a los 7 años y en ningún caso se enseñaba a leer antes de esa edad.

¿Cómo era posible que en dos años de escolaridad los alumnos finlandeses tuvieran ese enorme éxito en competencia lectora, superior a todos los demás países comparados? El hecho de que el aprendizaje de la lectoescritura esté prácticamente ausente del preescolar finlandés contrasta con los preescolares españoles, que tienen este aspecto como elemento esencial de esa etapa formativa. En España se suelen realizar muchos esfuerzos con los preescolares preparándolos para la lectoescritura o se entra directamente en su formación, e incluso se utilizan métodos de estimulación precoz con la creencia de que si se estimula antes a los alumnos se podrá adelantar el momento de alcanzar niveles óptimos de rendimiento lector.

A los 14 años, la media finlandesa volvía a ser la más alta de los 31 países, pero de los tres ámbitos antes mencionados solo pudieron ser terceros en el explicativo y primeros en los otros dos.

La publicación de la OCDE profundizaba en los datos publicados por la IEA y destacaba otro detalle importante: la varianza interna de los resultados finlandeses era la segunda más baja de los países estudiados, lo que quiere decir que las diferencias entre los centros seleccionados para el estudio eran escasas y la homogeneidad de los alumnos muy alta, de manera que el número de alumnos con peor competencia lectora estaba muy por debajo de la media. En consecuencia, independientemente de las muestras estudiadas, los resultados eran parecidos en todo el país. En España, los resultados eran de media bastante más bajos y la desviación entre centros llegaba a ser muy alta.

¿Qué variable actuaba homogéneamente en todas las escuelas finlandesas durante esos dos o tres primeros cursos de educación primaria para conseguir unos resultados tan espectaculares en competencia lectora?

Un primer dato a tener en cuenta es que Finlandia, tras Islandia, era y es el país con menor número de alumnos mayores de la edad correspondiente, es decir, con menor número de repetidores. Además, según los análisis posteriores realizados por el Banco Mundial sobre los datos publicados, los alumnos finlandeses pertenecían al grupo de los países con mayor igualdad de oportunidades, independientemente del lugar geográfico de su nacimiento, sin que existieran diferencias significativas entre el campo y la ciudad.

> **«El hecho de que el aprendizaje
> de la lectoescritura esté prácticamente
> ausente del preescolar finlandés contrasta
> con los preescolares españoles, que tienen
> este aspecto como elemento esencial
> de esa etapa formativa».**

Unos años más tarde, la OCDE realizó unas pruebas de competencia lectora entre estudiantes de 16 a 25 años que habían terminado el segundo ciclo de educación secundaria entre los años 1994 y 1998. De los 18 países analizados, Finlandia volvía a ser el que ofrecía mejores rendimientos en competencia lectora. No obstante, en 1994 los resultados que obtenían los alumnos finlandeses en matemáticas y ciencias naturales eran bastante mediocres en comparación con la comprensión lectora, de manera que el Gobierno emprendió un programa de trabajo en esas áreas concretas, cuyos resultados se reflejaron en el informe PISA de 2006, en el que Finlandia ocupaba ya el tercer y cuarto puesto respectivamente en matemáticas y ciencias.

Los informes PISA miden hasta qué punto los estudiantes que están próximos a finalizar la educación obligatoria han adquirido las competencias y las habilidades necesarias para su participación plena en la sociedad. La realización de un estudio similar a intervalos de tres años hace que este informe sea el estudio internacional más completo sobre las competencias y las habilidades de los estudiantes. Los estudios se centran básicamente en tres competencias: lectora, matemática y científica, que se analizan siempre conjuntamente, aunque en cada período se profundiza en una de ellas.

En el año 2000 el eje era la competencia lectora y el estudio se realizó entre los alumnos de 15 años de todos los países comparados. Los resultados en el ámbito de la competencia lectora que comparan a los países nórdicos con España se recogen en el gráfico de la página siguiente.

La competencia lectora se divide en cinco niveles, de los cuales el nivel 1 representa la competencia más elemental. Por debajo de ese nivel se indican aquellos alumnos que no dominan ni los rudimentos más elementales de la lectura. Por el contrario, el nivel 5 representa la competencia máxima. Podemos observar cómo Finlandia tiene el 50 % de los alumnos de 15 años con puntuaciones entre los niveles 4 y 5, mientras que España solo tiene el 25 % entre esos dos niveles.

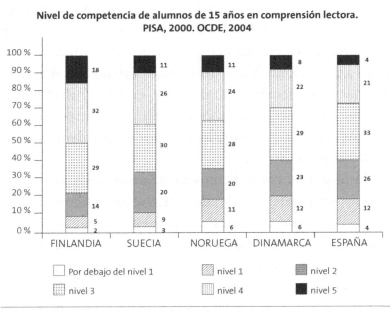

Gráfico 6: Competencia lectora según el Informe PISA de 2000.

El primer puesto de Finlandia en comprensión lectora era igualado por Japón y Corea del Sur en matemáticas y ciencias, respectivamente, y los tres países mostraban también la diferencia más pequeña entre el grupo más alto y el más bajo de sus alumnos. La población de riesgo agruparía a todos los estudiantes que se sitúan en los niveles 1 y -1, que en el caso finlandés sería el 7 % de los alumnos, mientras que en el caso español se trataría del 16 %, una cifra muy parecida a Noruega y Dinamarca.

Como podemos constatar, diez años después de la primera prueba de la IEA, Finlandia vuelve a ser el país con mejor competencia lectora dentro del conjunto de la OCDE, lo que demuestra que se trata de unos resultados estables y constantes a lo largo del tiempo, mientras que en otros países las fluctuaciones hacia arriba y hacia abajo han sido mucho más pronunciadas. Durante este período, el nivel medio español ha aumentado proporcionalmente un poco, pero aún nos encontramos muy lejos de los niveles demostrados por los alumnos finlandeses.

No obstante, como hemos mencionado más arriba, en la época del primer estudio de la IEA sobre la comprensión lectora, los alumnos finlandeses no destacaban en los otros dos campos de análisis del informe PISA: las matemáticas y las ciencias naturales. En comparación con su rendimiento lector, los resultados eran bastante mediocres, lo que despertó la preocupación del Gobierno, que emprendió las acciones necesarias para mejorar el rendimiento en esos dos terrenos.

El éxito de esta política quedó reflejado en el informe PISA del año 2003, que tenía como aspecto central las competencias matemáticas y en el que Finlandia también destacaba por su excelencia, como se puede observar en el gráfico de la página siguiente.

En este caso, los niveles de competencia son seis, a los que se añade un nivel -1 para los que no alcanzan los mínimos exigidos. Aquí destaca que Finlandia tenga agrupada en los tres niveles superiores a casi la mitad de su población estudiantil, mientras que España no llega al 26 % y Suecia, que es el segundo país con mejores resultados, no llega al 38 %,

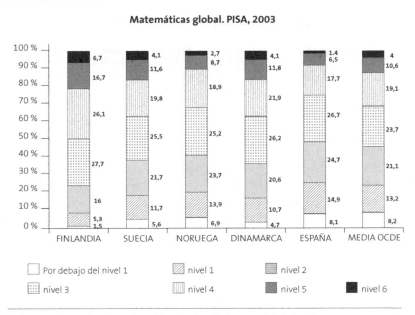

Gráfico 7: Competencia matemática según el informe PISA de 2003.

y supera ampliamente la media de la OCDE, que se sitúa en el 30%. Asimismo, en la parte baja de la tabla, Finlandia tiene algo menos del 7% de los alumnos en los niveles 1 y -1, mientras que España tiene el 23%. Los resultados finlandeses son excelentes tanto en el nivel superior como por la escasa incidencia del número de alumnos con resultados muy bajos en las competencias matemáticas.

Esta tendencia de mejora en el ámbito científico se vio corroborada en el informe PISA del año 2006, que tenía como centro las competencias científicas, cuyos resultados se reproducen en el gráfico de la parte superior.

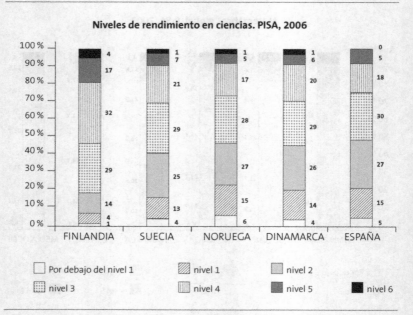

Gráfico 8: Competencia científica según el informe PISA de 2006.

En este caso, los alumnos finlandeses también mostraron su nivel de excelencia con más del 50% de los estudiantes en los tres niveles más altos, mientras que España solo tiene el 23% y Suecia, el segundo país en el *ranking*, solo llega al 29%. Y, al igual que ocurría en las competencias matemáticas, los alumnos que se agrupan en los niveles más bajos, 1 y -1, solo representan el 5% en Finlandia, mientras que en España son el 20% y en Suecia, el 17%. Además, esta mejora en las competencias científicas se ha mantenido a lo largo de los años, como queda patente en los informes de los años 2000, 2003 y 2006, que demuestran que Finlandia

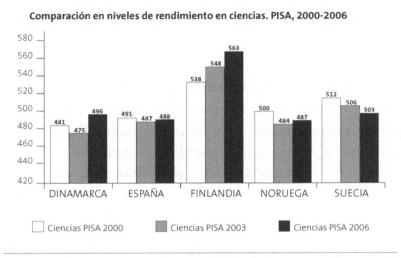

Comparación en niveles de rendimiento en ciencias. PISA, 2000-2006

Gráfico 9: Evolución de la competencia científica, 2000-2006.

es el único país que no sufre oscilaciones en sus resultados, sino que presenta una mejora continuada durante cada uno de los períodos de tres años.

Este dominio cada vez más amplio de las competencias científicas forma la base humana que se encuentra en los orígenes de la creación del sistema de innovación tecnológica finlandesa, que se amplía posteriormente en el ámbito universitario y en la investigación, de manera que el 27 % de los alumnos universitarios estudian carreras de ciencias, matemáticas e ingeniería, lo que es casi el doble que en la mayoría de los países comparados.

Además, el análisis de los resultados de los diferentes informes PISA y la lectura atenta de estos gráficos permiten extraer otras conclusiones importantes para el sistema educativo español, frecuentemente acusado y vilipendiado a partir de los resultados poco satisfactorios en estos informes.

La evidencia más importante que podemos constatar es que los resultados de los alumnos españoles son perfectamente equiparables a los de países escandinavos como Dinamarca y Noruega, a pesar de no contar con las inversiones en educación de estos países (Noruega: 6,9 % del PIB, Dinamarca 8,7 % del PIB, España: 5 % del PIB, según datos del Banco Mundial) ni con su Estado del bienestar, que está mucho más desarrollado que el español y ofrece más apoyo social a la igualdad de oportunidades. Con todo ello, se puede concluir que los resultados de los alumnos españoles en los informes PISA son bastante más positivos de lo que se comenta habitualmente en los medios de comunicación y que el sistema escolar, junto con los profesionales que trabajan en él, suplen en buena medida con su esfuerzo la falta de medios económicos y reconocimiento social a su labor.

El uso partidista y sesgado que se ha hecho en España de los informes PISA ha contribuido a aumentar el desprestigio del sistema escolar, en lugar de utilizarlo para analizar las deficiencias del sistema educativo, tal como lo definimos al principio de estas páginas, y para establecer las medidas estratégicas que, como ocurrió en su momento en Finlandia, sirvan para mejorar los resultados escolares y con ello conseguir una sociedad más moderna, dinámica e innovadora.

Los cambios en la legislación educativa española, que con frecuencia han utilizado como excusa los resultados de estos estudios, no han contribuido a mejorar sustancialmente la situación por la falta de esa visión estratégica, consensuada entre todos los actores que intervienen en el sistema educativo, y por reducir cada vez más el ámbito de la educación a lo que es estrictamente el sistema escolar, olvidando todos los demás factores sociales y familiares que hemos analizado en el caso finlandés.

«... los resultados de los alumnos españoles en los informes PISA son bastante más positivos de lo que se comenta habitualmente en los medios de comunicación».

Esta apuesta estratégica por la excelencia, partiendo de la base del sistema educativo desde su nivel más bajo (la educación primaria) para ir mejorando progresivamente hasta alcanzar la universidad y los centros de investigación científica y tecnológica, ha permitido que Finlandia se encuentre inmersa en una verdadera sociedad del conocimiento, con una población profundamente comprometida no solo con la educación formal y reglada, sino también con la formación continuada de los adultos. En este sentido, Finlandia tiene el mayor porcentaje de adultos en formación continuada de la OCDE (56,8 %) y dobla la media del conjunto de los países integrados en este organismo.

El origen de esta situación se encuentra a mediados de la década de 1990, cuando Finlandia atravesó la peor crisis desde la Segunda Guerra Mundial y el Estado emprendió una política de promoción de la formación permanente al darse cuenta por activa y por pasiva que los trabajadores no se podían reincorporar al mercado laboral por falta de formación. Al mismo tiempo, una parte de la población constató que la formación continuada era una de las variables que permitía asegurar una mejora profesional durante la crisis.

«Finlandia tiene el mayor porcentaje de adultos en formación continuada de la OCDE (56,8 %) y dobla la media del conjunto de los países integrados en este organismo».

Además, para responder a las demandas que podían surgir de una mejora en la formación de la fuerza laboral, el Estado emprendió una política para incentivar la I+D (investigación y desarrollo) y situó el gasto en este capítulo en el 3,46 % del PIB en 2004, frente al raquítico 1,03 % español y muy superior a la media de la Unión Europea, que se situaba en el 1,93 % del PIB. Solo Suecia superaba el gasto finlandés con el 4,27 % del PIB.

Una consecuencia directa de esta política ha sido el aumento exponencial de las patentes registradas por científicos y empresas finlandesas, y la importancia creciente de las tecnologías de la información, que representan una tercera parte de las exportaciones del país y un 45 % de su PIB. El ejemplo más claro de este desarrollo estratégico es Nokia en el campo de la telefonía móvil.

Pero también hemos de señalar que uno de los resultados más interesantes (generalmente nunca comentados por ninguna Administración) de los alumnos finlandeses son los que atañen a las pruebas de conocimiento cívico y ciudadano (ICCS, 2009). Los alumnos finlandeses destacaban extraordinariamente en los niveles superiores. Así pues, los alumnos finlandeses son enormemente competentes en competencia lectora, matemática y científica y, al mismo tiempo, existen evidencias de que poseen concepciones y actitudes cívicas excelentes.

Como conclusión, se puede decir que existen suficientes pruebas para afirmar que el sistema educativo finlandés produce un nivel de fracaso escolar muy bajo, con porcentajes de graduación en la educación secundaria obligatoria cercanos al 94% y con niveles de repetición de curso muy bajos (alrededor del 1%).

Esta situación demuestra un nivel muy alto de equidad educativa y también de equidad social que no se consigue bajando los niveles educativos, como lo demuestran los excelentes resultados de los alumnos finlandeses en competencia lectora, matemática y científica de manera continuada y persistente a lo largo del tiempo.

En todos los estudios comparativos internacionales realizados desde hace más de dieciocho años, en los que se analiza y mide el grado de calidad de diferentes competencias, los alumnos finlandeses tienen de manera continuada y persistente niveles excelentes, mientras que los alumnos españoles también obtienen de manera continuada y persistente resultados mediocres. Todo esto llama aún más la atención porque en ese período se han realizado numerosas reformas educativas en España, con su correspondiente ley orgánica, y parece que no han dado ningún fruto ni en lo que atañe a la tasa de fracaso escolar ni al nivel de competencias educativas.

«Esta situación demuestra un nivel
muy alto de equidad educativa y
también de equidad social que no se
consigue bajando los niveles educativos».

Esta situación ha permitido que Finlandia se sitúe en la actualidad en una posición de liderazgo en su constitución como sociedad del conocimiento, con grandes inversiones en I+D y con una población muy concienciada en la necesidad de una formación permanente para responder a los retos de la sociedad y la economía modernas.

Pero también ha quedado claro que el contexto histórico, las inversiones en educación y la existencia de un Estado del bienestar mucho más amplio y profundo que el español no son los únicos factores que pueden explicar esta excelencia del sistema educativo, puesto que otros países, en especial los escandinavos, proceden de contextos históricos muy similares a los de Finlandia y tienen unos niveles de inversión y de

Estado del bienestar muy parecidos, cuando no superiores, como en el caso de Suecia, pero sus resultados en los estudios internacionales se acercan más a los españoles que a los finlandeses, de manera que la excelencia de los resultados se debe a algún factor interno del sistema educativo finlandés, a cuyo análisis vamos a dedicar los próximos capítulos.

4.
El sistema educativo: un engranaje perfecto

Como hemos visto en el capítulo anterior, la excelencia alcanzada por los alumnos finlandeses en las pruebas internacionales es una consecuencia de la perfección de su sistema educativo. Un sistema que, como vimos en el primer capítulo, está formado por tres engranajes que se deben mover al unísono y en la misma dirección: el subsistema familiar, el subsistema social-cultural y el subsistema escolar. En el caso de Finlandia, por su historia y por la formación y desarrollo de sus estructuras políticas, económicas y sociales, estos tres elementos han alcanzado un grado altísimo de consonancia y de refuerzo mutuo. En este capítulo vamos a destacar los elementos principales de cada uno de estos engranajes que ayudan a explicar la excelencia del conjunto del sistema.

El subsistema familiar

La importancia que dan los finlandeses a la familia y la importancia que da el conjunto de la sociedad a un valor tan significativo como la responsabilidad sobre la propia vida, que se proyecta en una honda significación en la personal, familiar y social, ha permitido que la estructura de la familia finlandesa haya evolucionado hacia modelos pospatriarcales, que han superado el esquema de la familia nuclear para permitir la convivencia de unidades familiares de características muy diferentes, alcanzando el abanico desde la familia extendida de corte más tradicional a la familia monoparental, en la que la madre cría sola a los hijos. El elemento esencial en esta diversidad es que el Estado protege al mismo nivel todos los tipos familiares porque el objeto de protección esencial es la mujer y los hijos, sin importar el modelo en el que se inscriben, de manera que las ayudas estatales garantizan la igualdad de oportunidades para los eslabones más débiles y que necesitan una mayor protección por parte de los poderes públicos.

El Estado, entendiendo como tal todos los niveles de la Administración pública, ofrece una protección especial a la mujer y a la infancia, con una atención muy amplia a la salud de madres e hijos para garantizar el bienestar físico y mental, y detectar de manera muy temprana cualquier problema que pudiera surgir en los más pequeños y que pudiera dificultar su proceso de aprendizaje. Por otra parte, la concesión de estas ayudas es muy poco dirigista por parte de la Administración y se ofrece a la mujer la posibilidad de escoger entre los diferentes tipos y modelos de ayudas, de manera que el estado facilita un abanico de ayudas que la mujer puede elegir con toda libertad y responsabilidad.

La superación del modelo de familia patriarcal ha sido posible gracias a dos elementos esenciales: la implantación de la corresponsabilidad familiar y la compatibilidad entre la vida laboral y la familiar. Con el primer elemento, la pareja se responsabiliza del conjunto de tareas inherentes a la vida en familia, con lo que el hombre abandona parcialmente el espacio público para desempeñar un papel más importante en el ámbito privado, y la mujer puede dejar parcialmente su papel exclusivamente doméstico para cubrir el terreno que ha quedado despejado en la vida pública. Evidentemente, ese no ha sido un proceso fácil ni repentino, sino que se ha venido desarrollando durante muchas décadas y hunde sus raíces en el contexto histórico que hemos visto en el capítulo 2.

Algo similar se puede decir del proceso que ha conducido a un modelo de compatibilidad entre vida laboral y familiar, que se puede considerar también un buen ejemplo a estudiar e imitar. La posibilidad de que la mujer pueda ocupar su espacio en el ámbito laboral, contando con el respaldo familiar de la corresponsabilidad del cónyuge y las ayudas que ofrece la Administración, ha permitido una equiparación entre los sexos mucho mayor que en otros países desarrollados. Además, la independencia económica de la mujer ha facilitado su liberación del control económico masculino, situándola en pie de igualdad y permitiendo que el modelo familiar se sustente exclusivamente sobre la relación afectiva y no en situaciones de dominación.

Todos estos elementos permiten una convivencia poco conflictiva en el seno del núcleo familiar y en el caso de ruptura de la pareja con hijos, la mujer y los niños siguen contando con todo el apoyo institucional para que la situación de separación entre los padres no afecte a la salud física y mental de los menores ni a su rendimiento escolar. Además, los estudios realizados por los mismos finlandeses demuestran que resulta mucho menos traumático para los menores la vivencia de una separación entre sus padres que la convivencia forzada que puede dar lugar a una conflictividad continuada en el seno de la familia.

Un elemento esencial del modelo familiar y de los valores inherentes a la sociedad finlandesa es que la familia, pertenezca al modelo que sea, es la primera responsable del bienestar y de la educación de los hijos. Las instituciones pueden ayudar, apoyar y complementar, pero la responsabilidad principal recae en la familia que, en consecuencia, forma parte del sistema educativo y, a diferencia de lo que ocurre en otros países, como España, no delega su responsabilidad en el sistema escolar, sino que lo complementa, acompaña y refuerza.

Como veremos en el apartado siguiente, también el subsistema social-cultural contribuye a este engranaje, de modo que los padres pueden disminuir el control sobre medios que tienen tanto impacto en los menores como la televisión e Internet, pues los poderes públicos contribuyen a que estos canales de comunicación también vayan en la misma dirección y defiendan las mismos valores que la familia y la escuela.

La consecuencia de esta situación es que la mayor parte de la población infantil finlandesa se encuentra por encima del umbral de la pobreza que, según las últimas estadísticas solo afecta a un 4% de los niños finlandeses. Para tener un dato comparativo. Los últimos datos de Unicef sitúan la pobreza infantil en España en el 26,2 %. Este dato es un reflejo de que se intenta garantizar al máximo la igualdad de oportunidades para que todos los menores puedan tener la mejor educación posible, sin importar la situación social y económica de la familia. Todo ello ayuda a que los menores se integren en el sistema escolar con una misma situación de partida y que los valores y conocimientos que reciben en la escuela no choquen con lo que se les transmite en casa.

El subsistema social-cultural

De la existencia del sistema de ayuda a las familias que se ha descrito brevemente en el apartado anterior se deriva que una de las principales características de la sociedad finlandesa es la existencia de un sistema de protección social coordinado y unificado, con unos objetivos claros, centrados sobre todo en la protección de la infancia y en facilitar la igualdad de oportunidades de todos los menores. En el caso finlandés no se debe confundir la coordinación y unificación con el dirigismo y la centralización, sino todo lo contrario; teniendo claro el objetivo final, se ofrecen toda una serie de alternativas igualmente válidas para que sea la familia la que elija el modelo que más le conviene.

Esta situación tiene su ejemplo más paradigmático en la educación de los niños de 0 a 6 años, momento en que ingresan en la escuela primaria. Como Finlandia no tiene prevista la escolarización de los menores de 3 a 6 años, todo el período preescolar cuenta con ayudas específicas de la Administración para permitir la compatibilidad entre la vida laboral y familiar, en especial a las mujeres. Dentro del marco de estas ayudas se definen tres modelos generales que están subvencionados al mismo nivel: las guarderías, las cuidadoras familiares (que son profesionales de la atención a la infancia que cuidan del menor durante los períodos de ausencia de los padres) y la propia madre. En consecuencia, sea cual sea el modelo que elija la familia, cuenta con la ayuda del Estado, de manera que si la madre quiere dedicarse exclusivamente a sus hijos durante un período de tiempo determinado y renuncia por esa razón a su vida laboral, lo hará por voluntad propia y no a causa de las circunstancias sociales y económicas que la obliguen a elegir entre lo uno y lo otro.

Otro de los elementos esenciales de este subsistema y en el que desempeña un papel fundamental la aportación estatal es la extensión de una vasta red de bibliotecas, fácilmente accesibles, interconectadas y con profesionales muy formados. Las bibliotecas cuentan con buenos recursos económicos y humanos que las convierten en elementos esenciales de la política de igualdad de oportunidades para todos, puesto que facilitan el acceso al conocimiento contenido en libros, prensa y el mundo digital. Además, no se establecen trabas burocráticas para el acceso a las mismas ni para la consulta de los fondos, excepto las lógicas para investigadores y ejemplares de especial valor histórico. Pero todo lo demás es accesible para todo el mundo a partir de una única biblioteca, sin necesidad de multiplicar carnets, autorización y papeleo burocrático. Esto conduce a que alrededor del 80 % de los finlandeses utilicen regularmente los servicios de las bibliotecas.

Evidentemente, este nivel de uso de este tipo de equipamiento cultural hunde sus raíces en unos altos niveles de lectura y de respeto por la cultura escrita. Como hemos visto en el capítulo 2, esta situación tiene su origen en el siglo XVI con la implantación de la Reforma en Finlandia y la importancia que da a la lectura de la Biblia para la salvación del creyente. Este elemento religioso ha contribuido desde hace siglos a que la lectura tenga una gran importancia en la vida de cualquier ciudadano finlandés y que el origen de esta situación en el Libro Sagrado también ha contribuido a que toda la cultura escrita y en especial los libros hayan adquirido una cierta sacralidad. Pero no se trata del respeto a lo que se desconoce, sino del respeto a la importancia de un objeto de uso cotidiano y que contiene algo esencial para la vida de la persona. En su origen fue la Palabra de Dios y por ello algo trascendente, y esa trascendencia se ha extendido a todo tipo de libros ya sean de información, de reflexión o de simple entretenimiento.

Otro elemento de raíz religiosa y que tiene su origen histórico en la Reforma es el valor de la responsabilidad personal, familiar y colectiva. Si cada creyente es responsable de leer la Biblia y de su salvación, debe extender esa responsabilidad a todos los ámbitos de la vida. En la actualidad, la sociedad finlandesa es mayoritariamente laica y la religión no desempeña un papel demasiado importante, pero ha quedado ese valor de la responsabilidad que exige que cada individuo sea responsable de su propia vida y, en el aspecto que nos interesa en este estudio, de su propia formación.

Con todo esto se llega a otro de los elementos esenciales de este subsistema: la Iglesia luterana finlandesa, que no deja de ser una institución de gran importancia en el país, persigue los mismos objetivos del Estado, persigue los mismos valores, aunque en un caso se hayan secularizado y en el otro sigan teniendo un carácter eminentemente religioso. La Iglesia no juega a la contra ni se erige en oposición frontal al Estado laico, sino que colabora y comparte valores con él.

Otro elemento esencial del subsistema, impulsado por el Estado y aceptado como un valor social de importancia es la inexistencia del doblaje en cine y televisión. Los programas, las series y las películas se subtitulan y con ello se consiguen dos objetivos educativos primordiales: el primero de ellos es que se mejora la capacidad y la rapidez de lectura para entender lo que está ocurriendo en la pantalla; y el segundo es que se aprenden idiomas. De poco sirven unas horas de clase de una lengua extranjera si no se refuerza con una inmersión en esa lengua, principalmente el inglés, que es accesible de una manera muy sencilla a través de su amplísima producción audiovisual. Una vez más los engranajes se apoyan y refuerzan porque la escuela proporciona las herramientas básicas (capacidad de leer y conocimientos del inglés, para seguir con el ejemplo), mientras que el cine y la televisión permiten mejorar las habilidades lectoras y la comprensión oral de la lengua extranjera.

Para terminar, el último aspecto que quisiera destacar son las aportaciones que realizan las asociaciones culturales, los clubes deportivos, las entidades sociales, en definitiva, eso que solemos llamar la sociedad civil, que también contribuye a reforzar el engranaje familiar y el escolar, a la vez que recibe el apoyo de ambos.

El subsistema escolar: la escuela y el aula

La escuela finlandesa tiene seis cursos de primaria, tres de secundaria obligatoria y posteriormente se puede escoger entre un bachillerato de dos años o una formación de grado medio de dos años. El 45 % de los alumnos va a la formación profesional. En Finlandia hay un gran respeto para todos los trabajos y todos se consideran dignos. No hay selectividad, pero sí una reválida al finalizar el bachillerato, pero no en todas las áreas. Las facultades universitarias pueden realizar pruebas de acceso específicas.

Los niños finlandeses entran en el sistema escolar a los 7 años, y no aprenden a leer hasta esa fecha. La escuela finlandesa de educación primaria y secundaria es generalmente una escuela pública muy descentralizada. La escuela concertada recibe del Estado la misma inversión por alumno. Estas escuelas concertadas se concentran mayoritariamente en la secundaria postobligatoria. La escuela pública es de titularidad municipal, el propietario es el municipio. Toda la educación esta descentralizada municipalmente.

Se realizan proporcionalmente menos horas de lengua que en España y que en otros países de la OCDE. Hay normalmente 45 minutos de clase y 15 de descanso. La escolarización de los alumnos de 3 a 6 años no puede ser la variable crítica para el excelente resultado en competencia lectora, ya que en Finlandia no se enseñan estas competencias antes de los 7 años, y a los 4 y 5 años menos de la mitad de la población acude a las guarderías.

El 84 % de los alumnos considerados con NEE (Necesidades Educativas Especiales) están escolarizados en clases normales con clases de recuperación. Si hay un alumno con una grave deficiencia, no suele haber más de 10 alumnos por clase.

Los modelos pedagógicos en los que encaja mejor el sistema educativo finlandés es en el de una escuela concebida «como corazón de la comunidad» y, al mismo tiempo, «la escuela como comunidad de aprendizaje».

Es una escuela que tiene claramente un modelo de escuela comprensiva, un modelo constructivista del aprendizaje. Se trabaja por competencias. Lo importante es la calidad y no la cantidad de conocimientos. No hay repetición en Finlandia, la detección precoz de dificultades y la acción coordinada de toda la comunidad educativa permiten que una gran mayoría pueda seguir las clases con normalidad.

El profesorado tiene un gran estatus social pero no económico, la relación con los estudiantes suele ser poco formal. En las escuelas rurales muchos profesores permanecen con los estudiantes muchos años.

Los alumnos finlandeses tienen en primaria menos ratio alumno-profesor que los españoles y, por lo tanto, mayor acceso directo a los profesores (unos 17 en primaria, menos que en Suecia o en Noruega).

«Lo importante es la calidad y no la cantidad de conocimientos. No hay repetición en Finlandia, la detección precoz de dificultades y la acción coordinada de toda la comunidad educativa permiten que una gran mayoría pueda seguir las clases con normalidad».

En Finlandia se da un reconocimiento a la excelencia y a los buenos resultados de los alumnos. Se realiza menos evaluación que en otros países. Existe una comparación de recursos pedagógicos muy parecida entre Finlandia y España, e igual organización pedagógica, aunque sus resultados no son parecidos. A pesar de ser el país de la OCDE en el que los estudiantes entre los 7 y los 14 años hacen menos horas curriculares, obtienen mejores resultados. Las decisiones que afectan al sistema educativo se toman físicamente mucho más cerca de los ciudadanos en Finlandia que en España. Más del 90 % de las decisiones que se toman en los centros de primaria se adoptan muy cerca de los ciudadanos, e igual ocurre en la formación secundaria. Esta descentralización se da en la planificación y estructura de la enseñanza (organización de las materias enseñadas) y en la gestión del personal (coordinación del trabajo y obligaciones de servicio del director, profesores y personal no docente). Finlandia destacaba en 1991, y mucho más en 1996, por utilizar un tipo de atención a la diversidad por intereses. Ya en 1996, el 89 % de los alumnos tenía algún tipo de atención a la diversidad (media cercana a la de la OCDE, pero mucho más elevada que la española, estimada en un 50 %). El currículo está muy descentralizado, los profesores, en su mayoría, prefieren estructurarlo ellos mismos.

**«El profesorado tiene un gran estatus social
pero no económico, la relación con los
estudiantes suele ser poco formal.
En las escuelas rurales muchos profesores
permanecen con los estudiantes muchos años».**

El material escolar es gratuito, como en todos los países nórdicos (libros, lápices, libretas, etc.). En los colegios hay enfermeras pediátricas y se come gratuitamente una vez al día, con una dieta controlada sanitaria y dietéticamente. El

Colegio de Pediatría nacional realiza evaluaciones periódicas de los menús de los colegios. Las escuelas finlandesas prevén igualmente otros servicios especializados. Los servicios médicos están asegurados por los médicos y enfermeras escolares y, entre sus responsabilidades cotidianas, se encargan de efectuar a cada alumno dos exploraciones médicas al año. El seguimiento psicosocial está asegurado por los psicólogos y los asistentes sociales escolares, y los consejeros de orientación guían a los alumnos en su elección de profesión.

Existen redes de bibliotecas escolares bien conectadas y muy accesibles a toda la comunidad, con personal muy especializado, no como en nuestro país, donde muchos directores sitúan en ellas a los profesores con los que no saben qué hacer.

El subsistema escolar está segregado por lengua materna: sueco, finés y lapón. Los profesores más competentes en la lectura se sitúan en los primeros cursos de primaria.

Hay una reválida en el bachillerato, pero no en todos los ámbitos, solo en los fundamentales.

No hay inspectores de educación en Finlandia. Son los directores quienes evalúan a sus docentes.

Los directores son escogidos por el consejo municipal, que es el titular de los centros públicos, a través de anuncios. Generalmente el director es quien contrata a los profesores.

Todos estos ámbitos son muy parecidos en todos los países nórdicos, pero muy diferentes a los existentes en España.

Hay poca evaluación en las clases, una cierta relajación que seguramente estimula la motivación de los estudiantes.

En las clases, como en el país, el valor de la responsabilidad se inculca con la creencia de que el aprendizaje depende de uno mismo. Eres tú el principal responsable de tu vida y de tu aprendizaje. Ello deja un cierto margen para que el profesorado tenga más tiempo para ocuparse de los alumnos con dificultades. En las aulas se fomenta la innovación. El profesorado trabaja en equipo para lograr que sean los alumnos los que generen conocimiento, ya que no se les transmite. Se quiere una nación de emprendedores. Para ello debe fomentarse un clima de libertad y tolerancia en las aulas, y al mismo tiempo de respeto total hacia las personas. Una idea esencial es que lo que importa no es la cantidad, es la calidad, menos puede ser más, más profundidad.

En muchas clases se utiliza el arte, la música y la belleza como un elemento esencial en el proceso de enseñanza-aprendizaje. Creen que aprender es bello, y hay que rodearlo de belleza para que motive más a los alumnos. En muchas clases de primero y segundo de primaria hay muchos pianos, ya que muchos de los profesores enseñan con canciones y tocan el piano. Otros utilizan el dibujo, las imágenes, o todo mezclado, y el efecto es muy motivador. En clase se trabaja, hay un clima de respeto y de silencio.

El profesorado se esfuerza en conseguir que todos sus estudiantes sin excepción puedan seguir el ritmo, y tengan el máximo nivel excelente posible. El aula se concibe como un laboratorio de aprendizaje, donde alumnos y profesores aprenden unos de otros. En muchas aulas hay sillas vacías al fondo de la clase, para que otros profesores entren, observen libremente y aprendan de los propios compañeros docentes. Hay un clima generalizado de ayuda y apoyo entre el profesorado muy positivo. Se respira un clima de aula abierta, abierta para mejorar todos, alumnos y profesores. El profesor no suele estar hablando nunca toda una clase, hay mucha participación y se fomenta que se pregunte. Lo importante es que los estudiantes aprendan a pensar por ellos mismos.

Pero, para conseguir esto, el profesorado debe estar muy bien formado inicialmente, y esto es lo que realmente diferencia a Finlandia del resto de países de la OCDE, especialmente de los nórdicos: su extraordinario proceso de selección y formación de los docentes de educación primaria y secundaria, a ello dedicaremos el siguiente capítulo.

5.
El hecho diferencial del sistema educativo finlandés

Como hemos visto en el capítulo anterior, la primera muestra del nivel de excelencia del sistema educativo finlandés fueron los resultados en el estudio sobre competencia lectora desarrollado por la IEA en 1991. A primera vista podría parecer que estos resultados no fueron más que la consecuencia de una situación privilegiada de la competencia lectora en el grueso de la población finlandesa. Pero en el año 2001 la OCDE llevó a cabo un estudio sobre la competencia lectora de toda la población entre 16 y 65 años de los países participantes en el estudio. Los resultados se recogen en el gráfico de la página siguiente.

A primera vista, los resultados obtenidos en este gráfico parecen contradecir los que hemos visto con anterioridad, ya que los finlandeses no tienen un nivel de competencia lectora superior al de sus vecinos nórdicos, en especial al de Suecia.

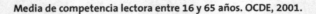

Media de competencia lectora entre 16 y 65 años. OCDE, 2001.

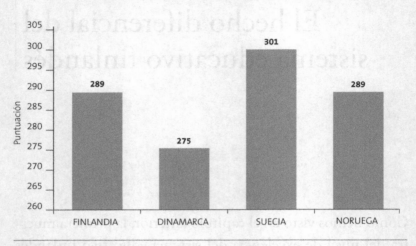

Gráfico 10: Media de la competencia lectora de personas entre 16 y 65 años.

Los resultados recogidos en este gráfico miden el rendimiento en competencia lectora de la población entre los 16 y los 65 años y, en este grupo de edad, Finlandia queda claramente por debajo de Suecia, empata con Noruega y está claramente por encima de Dinamarca. Además no obtiene los resultados excelentes del grupo entre los 16 y los 25 años que analizaban los estudios que hemos visto con anterioridad. Estos datos nos llevan a la conclusión de que los buenos rendimientos en competencia lectora en Finlandia se dan sobre todo entre los menores de 25 años y que los adultos finlandeses entre los 25 y los 65 años tenían peores competencias lectoras que los grupos de edades inferiores. Este hecho indica que antes de llegar a los 25 años en 2001 debió ocurrir algo que permitió un aumento espectacular en la competencia lectora de los finlandeses.

En la década de 1970 tienen lugar dos hechos fundamentales que pueden explicar este impulso de la competencia lectora de los finlandeses. El primero de ellos es de carácter socioeconómico porque entonces se produjo el auge industrial de Finlandia, que hasta ese momento era el país menos industrializado de Escandinavia, claramente por detrás de Suecia, Noruega y Dinamarca. Este impulso económico, que no se vería frenado hasta la crisis de la década de 1990, permitió también una profundización en las políticas que forman el Estado del bienestar, entre ellas la reforma en profundidad del sistema educativo. Esta, que constituye el segundo hecho fundamental, tuvo como pieza clave la reforma de la formación del profesorado.

Teniendo en cuenta que los factores socioeconómicos y los niveles de bienestar son muy similares en Finlandia y en los demás países escandinavos, el hecho diferencial finlandés se debe encontrar en su reforma del sistema educativo y en especial en el proceso de formación del profesorado, que es el rasgo que más lo diferencia del resto de los países y que puede explicar el cambio radical en los niveles de rendimiento en comprensión lectora entre los mayores de 25 años y los menores de dicha edad, que son los que emprendieron un proceso de escolarización con el sistema reformado. Los estudiosos finlandeses del tema, como Pirjo Linnakylä, reconocen que la mejora de los últimos treinta años hunde sus raíces en la transformación de la formación del profesorado.

¿Cómo se realiza esta formación y cuáles son sus características más distintivas?

Para responder a esta pregunta es necesario explicar con brevedad algunos de los rasgos esenciales del sistema escolar finlandés, que lo diferencian radicalmente del español. La primera característica distintiva es que las escuelas pertenecen a los ayuntamientos y no dependen de un organismo centralizado como en España, ya sea el Ministerio de Educación o las consejerías autonómicas correspondientes. Asimismo, los profesores dependen de las instituciones municipales y tienen categoría de funcionarios, aunque la definición de esta figura no tiene nada que ver con el modelo funcionarial español.

«… la mejora de los últimos treinta años hunde sus raíces en la transformación de la formación del profesorado».

El Ministerio de Educación finlandés centra sus actividades en la supervisión de las escuelas municipales y en garantizar su correcta financiación para que se apliquen en la práctica los valores de equidad, calidad y eficiencia. También fija el currículo básico de los diferentes niveles educativos, dejando a cada centro un amplio margen para adaptar los contenidos a su realidad sociocultural. En comparación con España, el currículo de primaria que fija el Ministerio finlandés no deja de ser un folleto orientativo, sin la obsesión por el detalle del Ministerio y las consejerías españolas.

El tercer elemento a tener en cuenta es que la escolarización obligatoria se inicia en Finlandia en el primer curso de primaria con niños de 6-7 años y no existe una educación infantil (3-6 años) reglada como en España. La filosofía del sistema educativo finlandés se basa en el hecho de que hacia los 6-7 años el alumno se encuentra en la fase más manejable de su desarrollo y es el momento en que realiza algunas de las conexiones mentales fundamentales que le estructurarán durante toda su vida y, por esa razón, los mejores docentes se deben situar en los primeros años de la enseñanza escolar, porque es el momento en que se adquieren los fundamentos de todos los aprendizajes posteriores: el lenguaje, la estructura mental, los hábitos, etc.

Como consecuencia de este planteamiento, la selección de las personas que deben ayudar en este proceso de maduración resulta esencial para garantizar la igualdad de oportunidades educativas desde el principio. De aquí también se deriva otra de las características principales del sistema de formación del profesorado finlandés: la selección se realiza antes de comenzar los estudios de magisterio y no después de finalizarlos. Mientras que en España la selección se realiza una vez culminados los estudios universitarios mediante un proceso de oposiciones que permiten el acceso al sistema escolar público, que ofrece siempre un número de plazas inferior a la cantidad de diplomados disponibles, en Finlandia el número de plazas de magisterio se calcula en base a las necesidades de las escuelas del país y el proceso de selección tiene lugar durante el acceso a la carrera, de manera que se presentan una media de diez aspirantes para cada plaza ofertada y la tasa de desempleo entre los diplomados en magisterio es casi inexistente.

El proceso de selección y formación del profesorado se resume en el gráfico de la página siguiente.

El proceso de selección parte de la base que para realizar su función el profesor debe tener unas propiedades individuales que permitan el desarrollo de su labor docente. Por eso las propiedades esenciales que debe cumplir el aspirante son dos: demostrar su capacidad educativa y su grado de sensibilidad social. Hasta hace pocos años, para la primera fase de este proceso, los perfiles de los candidatos a estudiar magisterio se analizan de manera centralizada en la Universidad de Jyväskylä, que es el centro finlandés más prestigioso en temas pedagógicos y de formación del profesorado. El aspirante debe disponer de una nota media superior al 9 en el promedio de bachillerato y reválida y debe demostrar su sensibilidad social, por lo que se valora si ha participado en actividades sociales (si ha sido voluntario, monitor, etc.), porque si un profesor no tiene sensibilidad social y humana, ¿para qué quiere ser maestro? ¿para qué se va a invertir en su formación en un área tan importante para el país? Los finlandeses consideran que si la persona en cuestión no muestra esos rasgos esenciales se puede dedicar a cualquier cosa, pero no a educar a sus hijos.

Este sistema permite al Estado optimizar los gastos en la formación de los docentes y garantiza que prácticamente la totalidad de los alumnos acabarán sus estudios y trabaja-

Fases de la formación del profesorado de primaria en Finlandia

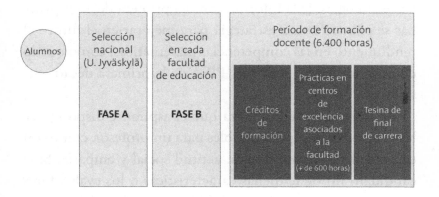

Gráfico 11: Fases de la formación del profesorado de primaria en Finlandia.

rán para el Estado. Además, se asegura unos resultados de gran calidad y eficiencia, ya que los estudiantes son personas extremadamente motivadas para ejercer su profesión.

Una vez superada esta fase, cada facultad realiza una segunda selección de los candidatos en función de las características que, por sus necesidades o sus estudios científicos, encajen mejor en el perfil que buscan. Hacia finales de la década de 1980 se estableció el proceso básico de selección en esta fase, que consiste en cuatro aspectos esenciales: una entrevista, el resumen de la lectura de un libro, una explicación de un tema ante una clase reducida y la demostración de aptitudes artísticas (dibujo o pruebas de dominio de un instrumento musical). En la década de 1990, como consecuencia de los resultados no tan brillantes en el terreno científico de los informes PISA, se añadieron dos apartados nuevos: una prueba de matemáticas y otra de aptitudes para las tecnologías de la información. La primera de estas pruebas se planteó como estrategia para mejorar en el futuro el rendimiento en las competencias matemáticas, como quedó demostrado en los informes PISA de la primera década del siglo XXI.

En la entrevista se analiza que el aspirante disponga de las propiedades imprescindibles para un profesor, como son capacidad de comunicación, actitud social y empatía. Si el candidato no tiene dichas características o los evaluadores no perciben que tenga la posibilidad de adquirirlas, prescinden de él y no podrá acceder a la formación. Esta fase es muy importante porque asegura una gran competencia en la capacidad de conexión posterior con los alumnos que «se tiene o no se tiene» y disminuye el riesgo de seleccionar a personas con trastornos psicológicos (el margen de error, según los estudios, es del 0,025 %). Esto es muy importante porque el Estado se asegura que quienes van a trabajar con los niños no tengan dificultades emocionales o mentales, y reduce considerablemente el peligro de que los docentes sufran posteriormente trastornos emocionales derivados de la presión del trabajo con niños y adolescentes.

Estas dos fases no se realizan en España ni en ningún país del mundo y son una variable diferencial esencial del sistema educativo finlandés.

Un tercer elemento de selección que no figura en el gráfico anterior, pero que tiene una gran importancia, es la elección de los profesores de las facultades de educación y de las escuelas de prácticas. Si el objetivo de la selección de los aspirantes es que solo los mejores alumnos puedan acceder a las facultades, los profesores de estas también tienen que ser los mejores, de manera que solo pueden aspirar a estos puestos los mejores de todas las promociones y de las especialidades que enseñan. Si la nota de entrada a las facultades debe ser superior a 9 y solo consiguen acceder estudiantes tremendamente motivados, nos podemos imaginar la calidad de los profesores de estas facultades, que deben enseñar a una élite estudiantil.

Durante el proceso de formación, se estimula al alumno para que integre los conocimientos que debe aprender con el objetivo de desarrollar con éxito su función docente. En Finlandia todos estos conocimientos y aptitudes se transmiten a través de créditos universitarios en un estudio intensivo que ha pasado de 1.200 horas de formación-estudio en 1950, a 3.000 en 1970, 8.400 en 1980 y 8.350 en la actualidad. En España, en cambio, se dedican solo unas 6.250 horas a la formación-estudio. Finlandia es el único país de la OCDE que tiene un sistema tan exigente para la formación de los docentes.

En la formación teórica, la didáctica ocupa una posición central en el currículo de estudios y, en el caso de los profesores de secundaria, los créditos pedagógicos son los elementos esenciales que se deben añadir a sus capacidades especializadas. En este último caso, los aspirantes a profesor de secundaria tienen más de 1.400 horas de formación pedagógica, lo que representa una desproporción enorme y singular con respecto a los otros países nórdicos y a España, donde los cursos pedagógicos dirigidos a licenciados que quieren dedicarse a la enseñanza no superaban las 140 horas hasta la nueva implementación del CAP, de unas 700 horas.

> «Si el objetivo de la selección de los aspirantes
> es que solo los mejores alumnos puedan
> acceder a las facultades, los profesores
> de estas también tienen que ser los mejores,
> de manera que solo pueden aspirar a estos
> puestos los mejores de todas las promociones
> y de las especialidades que enseñan».

Desde el punto de vista metodológico, predominan las materias impartidas en grupos pequeños, muy alejados de la masificación habitual de las universidades españolas, y se fomentan activamente los mecanismos de autoevaluación para estimular un aprendizaje activo y poco memorístico. Donde realmente invierten los finlandeses en educación es en la formación inicial de los profesores de la cual dicen que es muy cara, como la de medicina. Comparen cuántos profesores de magisterio por estudiantes tenemos en España y cuántos profesores de las facultades de medicina respecto al número de estudiantes.

La formación teórica en las aulas universitarias se complementa con períodos de prácticas que se realizan mayoritariamente en centros de excelencia, cuya titularidad es de la facultad de educación correspondiente. Los profesores de estas escuelas están sometidos a una selección específica por parte de la universidad para garantizar que su nivel sea excepcionalmente alto y que exista una coordinación constante con la facultad (a través de visitas, escritos, evaluaciones, etc.). Todo esto es posible porque el tutor de los futuros profesores tiene pocos alumnos a su cargo, no como en España. Para poder atender a los estudiantes en prácticas y profundizar en su formación, la ratio profesor-alumno es más baja que en el resto de las escuelas del país y en estos centros domina el modelo de investigación-acción, es decir, la aplicación práctica de los resultados de la investigación empírica en las mismas aulas. Además, estas escuelas de prácticas suelen ser las mejor dotadas desde el punto de vista de las tecnologías de la información. Por otro lado, los alumnos en prácticas reciben complementos como profesores asociados a la universidad.

Finalmente, también se ofrecen períodos de prácticas en escuelas municipales, tanto en la ciudad como en los pueblos, para que los alumnos conozcan la diversidad del sistema escolar real.

La finalidad de estas prácticas no es la presencia pasiva del alumno en el aula, sino su observación activa de todo lo que ocurre en ella para analizar y cuestionar los métodos que utiliza el docente con los niños que tiene a su cargo. Este hecho desarrolla el espíritu crítico del futuro maestro y, a la vez, exige del docente en activo una reflexión constante sobre su trabajo y una renovación de sus métodos a partir de las observaciones de los alumnos en prácticas.

Como culminación a su proceso de formación, el estudiante debe presentar obligatoriamente una tesina final de carrera, que viene a reforzar una de las propiedades esenciales que se exige a un buen profesor: la de ser un buen investigador. El maestro debe indagar en la realidad que lo rodea, día a día, para conocer, analizar y evaluar las necesidades de los alumnos que tiene en clase, y para alcanzar este objetivo se considera que la tesina de investigación resulta totalmente imprescindible. Además, la tesina refuerza la síntesis final de sus conocimientos y obliga al alumno a demostrar su capacidad investigadora. En este sentido, una gran mayoría de los futuros maestros se decanta por temas relacionados con la didáctica, de manera que casi la mitad de las tesinas presentadas versan sobre ese campo de estudio. Con este énfasis en la faceta investigadora también se consigue que el profesorado esté muy interesado y motivado en reflexionar sobre su actividad en el aula y que se genere un corpus científico que no surge de la pura reflexión teórica, sino de la práctica diaria en el aula con niños y problemas reales. La existencia de estas investigaciones también genera una red de conexiones e intercambio de experiencias que ayudan a evaluar y mejorar constantemente el sistema en su conjunto y a cada profesor de manera particular.

Como hemos comentado anteriormente, este sistema funciona desde finales de la década de 1970 y el Ministerio de Educación finlandés ha repetido en numerosas ocasiones que no tiene intención de cambiar el proceso de selección y formación del profesorado porque las evaluaciones realizadas, tanto internamente como por organismos externos e internacionales, coinciden y confirman que se trata de un sistema de éxito y con efectos muy positivos sobre el sistema escolar. Además, los alumnos de las facultades de educación valoran muy bien los estudios realizados y se sienten muy motivados para emprender su vida profesional como maestros. Esta motivación tiene su reflejo en la bajísima tasa de cambio de especialidad y de abandono universitario, que en las facultades de Educación es el más bajo en todo el sistema universitario finlandés, cuya media de cambio y abandono no llega al 17%, mientras que en España la tasa global asciende al 50% de los estudiantes.

«La formación teórica en las aulas universitarias se complementa con períodos de prácticas que se realizan mayoritariamente en centros de excelencia, cuya titularidad es de la facultad de educación correspondiente».

Una vez licenciados, los nuevos maestros encuentran empleo fácilmente en las escuelas municipales y pasan a adquirir la condición de funcionarios públicos, aunque sus derechos jurídicos, sociales, laborales y económicos no se diferencian de los del resto de los trabajadores en el sector privado. Como se ha comentado antes, no existe un proceso de oposiciones para acceder al puesto de trabajo y son los directores de los centros quienes seleccionan a los licenciados para cubrir las vacantes en su plantilla.

Los directores de los centros escolares son profesores que han recibido una formación específica para ocupar el cargo y son seleccionados por los ayuntamientos o consejos municipales entre los aspirantes con mayor preparación.

> **«... el maestro tiene un gran prestigio social en Finlandia y cuenta con el respeto de la población, mientras que en España es una de las profesiones más criticadas y menos valoradas por la población general».**

La dirección de las escuelas de primaria sitúa en los primeros cursos al profesorado más competente para que ayude a estructurar el proceso de lectura y escritura de los alumnos, y normalmente se aprende cantando en clase y con el profesor tocando algún instrumento musical.

Los profesores finlandeses cobran lo mismo en primaria que en secundaria, porque ambos son licenciados, y tienen un poder adquisitivo medio-alto para su país. El sueldo neto de un maestro finlandés no es significativamente superior al de uno español (antes de los recortes), aunque existen variaciones importantes en el sueldo bruto porque el nivel impositivo finlandés es mucho más elevado que el español. La gran diferencia radica en que el maestro tiene un gran prestigio social en Finlandia y cuenta con el respeto de la población, mientras que en España es una de las profesiones más criticadas y menos valoradas por la población general, con todo tipo de tópicos que están en la mente de todos.

A pesar del éxito innegable de este proceso de selección y formación del profesorado, en los últimos tiempos se enfrenta a un problema creciente, que afecta también a otros estudios y profesiones. La exigencia de una nota media muy alta y de una serie de valores personales y sociales imprescindibles para el ejercicio del magisterio ha provocado una feminización creciente de la profesión docente, porque las mujeres obtienen por regla general mejores resultados académicos que los hombres y suelen tener una mayor empatía social y personal. Esta situación ha despertado la preocupación de las autoridades educativas, que consideran que no es buena la completa feminización de la profesión y han empezado a establecer algunas medidas correctoras para que, sin bajar la calidad ni el nivel de exigencia, se facilite el acceso de más hombres a los estudios de magisterio. Esta situación es muy parecida a la que se presenta en la mayoría de los países, entre ellos España, en los que la profesión docente se ha considerado habitualmente como una actividad «femenina». Como consecuencia, se trata de una problemática generalizada que no se puede atribuir específicamente al sistema de formación del profesorado en Finlandia ni al de ningún otro país occidental.

En definitiva, no parece que la selección y formación del profesorado en Finlandia presente problemas importantes y ha demostrado a lo largo de los años que es el factor esencial que explica el salto cualitativo de los alumnos finlandeses en las pruebas de evaluación de comprensión lectora y de conocimientos matemáticos y científicos. Teniendo en cuenta que otros países escandinavos comparten muchas características sociales, políticas, económicas y culturales con Finlandia, podemos concluir que este sistema de selección y formación es realmente el hecho diferencial del sistema educativo finlandés y debería ser el punto de partida para iniciar cualquier reforma del sistema educativo en España. Pero a este tema dedicaremos el último capítulo de este libro.

El sistema educativo finlandés y su proceso de selección y formación del profesorado se inscriben dentro de un modelo concreto de sistema educativo, que no es el único, pero que hasta el momento ha demostrado que es el de mayor éxito. En el año 2001, la OCDE planteó una serie de modelos teóricos de cómo podrían evolucionar en el futuro los sistemas educativos de los países miembros de la organización y a ellos vamos a dedicar el siguiente capítulo.

6.
Escenarios de futuro para el sistema educativo

En el año 2001 la OCDE planteó en el documento *L'école de demain. Quel avenir pour nos écoles?* que en los siguientes quince o veinte años todos los sistemas educativos de los países integrados en la organización se estructurarían según seis modelos básicos, más o menos puros o una combinación de estos. Entre ellos se encontraban dos modelos de escuela tradicional que venían a extrapolar la situación existente en el momento del estudio (y que no ha sufrido un cambio sustancial en la década transcurrida), dos modelos de reescolarización y dos modelos de desintegración escolar o desescolarización, que configuraban seis escenarios posibles.

- Escenario 1: sólidos sistemas escolares burocráticos.
- Escenario 2: ampliación del modelo de mercado.
- Escenario 3: la escuela en el corazón de la colectividad y como centro social fundamental.

- Escenario 4: la escuela orientada como una organización de aprendizaje.
- Escenario 5: la red de estudiantes y la sociedad en red.
- Escenario 6: éxodo de los docentes y desintegración del sistema escolar.

A continuación vamos a analizar brevemente cada uno de estos escenarios en aquellos aspectos que resultan más determinantes para su caracterización.

Escenario 1: sólidos sistemas escolares burocráticos

Como su nombre indica, en estos sistemas escolares predomina una gran burocratización de la legislación y el funcionamiento de los centros escolares. Se persigue la uniformidad del sistema, que va acompañada generalmente por su centralización. La legislación en estos países va incrementando paulatinamente los objetivos a cubrir por parte de la escuela, que se considera el elemento esencial, cuando no el único, del sistema educativo. Esto implica un alargamiento de la escolaridad básica, de manera que el niño ingresa a una edad temprana en el sistema escolar (educación infantil de 3 a 6 años) y permanece más tiempo en él, ya que se establecen etapas más largas en la enseñanza secundaria obligatoria, la etapa de formación que entrega el título que da el pasaporte de ciudadanía al alumno y que, teóricamente, permite su inserción en el mercado laboral.

En estos sistemas burocráticos imperan los valores de igualdad y, en menor grado, de excelencia, pero en realidad persisten las disparidades sociales y familiares que lastran el objetivo de obtener unos resultados educativos por encima de la media. La imposición de estos valores lleva a la implantación de programas y mecanismos de evaluación comunes para todo el país con el objetivo de conseguir una mayor igualdad, lo que muchas veces se confunde con la imposición de un alto grado de uniformidad, como si ambos conceptos fueran sinónimos. También se considera que la escuela debe ser la transmisora de una serie de normas que permitan una mayor cohesión y homogeneidad del país. Pero, como hemos mencionado un poco más arriba, este sistema no consigue reducir las desigualdades y se ve obligado a implantar numerosas medidas para combatir el fracaso escolar, que muchas veces pasan por el alargamiento del período de estudios obligatorios.

Este modelo obliga al mantenimiento de plantillas docentes más grandes que en otros escenarios, ya que carga sobre la escuela una serie de funciones no evidentes, que se unen a las habituales del aprendizaje de la lectura y el cálculo, la transmisión de conocimiento y la expedición de títulos. En este sentido, la escuela se convierte en la institución responsable de encargarse de los niños, asumiendo en parte la función de las familias, y de crear un espacio protegido para sus juegos y su socialización. De esta manera, la escuela invade espacios que deberían pertenecer a los subsistemas familiar y sociocultural porque tanto las unidades familiares como la sociedad han dejado un vacío alrededor del subsistema escolar.

En el interior de los centros escolares impera un modelo con un docente por clase, al que se permite innovar y al que se anima a un uso creciente de las tecnologías de la información, pero sin cambiar radicalmente las estructuras de enseñanza y aprendizaje en función de los nuevos medios técnicos. Además, los centros se ven sobrecargados con obligaciones burocráticas y administrativas que lastran la función educativa esencial.

En este modelo también se anima a un aumento en las relaciones entre la comunidad educativa y la sociedad a través de la utilización de los equipamientos escolares para usos sociales y culturales, pero en el fondo no se produce una interrelación profunda y de comprensión mutua, sino simplemente de usufructo de unas mismas instalaciones.

***

«En estos sistemas burocráticos imperan los valores de igualdad y, en menor grado, de excelencia, pero en realidad persisten las disparidades sociales y familiares que lastran el objetivo de obtener unos resultados educativos por encima de la media».

***

Desde el punto de vista político, el papel primordial del Estado, que tiene el primer nivel de decisión, y las limitaciones y discusiones que plantean, en el caso español, las comunidades autónomas, provocan la politización creciente de la educación, que se convierte en tema principal de la discusión entre los partidos políticos y los agentes sociales implicados en el mundo educativo. La consecuencia de esta situación es que la presión creciente que ejercen las encuestas internacionales sobre los resultados educativos y la necesidad de reformar el sistema para mejorarlos se convierten en una crítica generalizada y transversal entre todos los sectores (pero sin que nadie quiera perder derechos ni privilegios) y en una proliferación de leyes orgánicas, como vimos al principio del libro, que no llegan a mejorar la situación.

Finalmente, los docentes disponen de una situación laboral peculiar que los diferencia del resto de los trabajadores, y en su mayor parte son funcionarios. A diferencia de Finlandia, en los países con sistemas burocráticos firmemente implantados, los funcionarios disponen de derechos y privilegios propios que los convierten en un colectivo laboral diferenciado, privilegiado y frecuentemente vilipendiado por el resto de la sociedad.

En estos países, los sindicatos y las asociaciones profesionales suelen tener un gran peso en el sistema educativo, y las relaciones profesionales se suelen dirimir de una manera centralizada, tanto por parte del Estado como desde los sindicatos.

Esta situación laboral provoca un cierto aislamiento profesional de los maestros, ya que se considera su tarea como un «arte individual» más que como un proceso colectivo de mejora y perfeccionamiento. A pesar de esto existe una preocupación creciente por la formación continuada de los docentes, en un esfuerzo por retenerlos dentro del sistema.

«... la escuela invade espacios que deberían pertenecer a los subsistemas familiar y sociocultural porque tanto las unidades familiares como la sociedad han dejado un vacío alrededor del subsistema escolar».

El ejemplo más claro de sistema escolar burocrático es Francia. España también tiene muchas de sus características, aunque el caso español lo analizaremos específicamente en el último capítulo.

Escenario 2: ampliación del modelo de mercado

En muchos países, los problemas crecientes del modelo burocrático han provocado una insatisfacción generalizada con el sistema educativo. Esto ha llevado a una desconfianza creciente en el valor de la escuela pública y se han extendido las voces neoliberales que promueven una competencia creciente en todos los ámbitos (económico, político, social y cultural) para conseguir la excelencia a través de los mecanismos reguladores de un mercado cada vez menos controlado por los poderes públicos.

Este planteamiento político persigue que los contribuyentes se opongan cada vez más a la financiación pública del sistema educativo y que sean las familias y las empresas privadas las que realicen fuertes aportaciones económicas para mantener un sistema en el que todos los actores tendrían libertad para crear escuelas (por parte de la iniciativa privada), y para elegir el centro que más les conviniese (por parte de las unidades familiares), con una intervención cada vez menor de los poderes públicos en las actividades educativas.

En estos modelos hay una presencia bastante equilibrada de escuelas públicas y privadas, muchas veces concertadas con la Administración y actuando como si fueran de titularidad pública, con lo que se pretende extender los dos valores fundamentales de este escenario, la libertad y la excelencia, e impulsar la innovación y las soluciones imaginativas para resolver los problemas que se puedan plantear en las aulas. No obstante, el papel creciente que adoptan los indicadores y los mecanismos de certificación de la calidad de la enseñanza impartida por los diferentes centros y la extensión de la competencia entre los centros educativos pueden conducir a un aumento de la desigualdad y a relegar el sistema escolar público a un papel residual, reducto de las capas sociales más desfavorecidas.

La apertura del «mercado educativo» permitirá la entrada de nuevos productores y profesionales que desplegarán una política empresarial muy agresiva para captar «clientes» y contribuirán a aumentar las desigualdades porque la rentabilidad se convertirá en uno de los indicadores clave de la nueva situación, tanto desde el punto de vista económico como desde la perspectiva de la calidad: los alumnos con poder adquisitivo y buen rendimiento académico se convertirán en el objetivo de los centros educativos. Esta situación provocará un aumento de la conflictividad y de las divergencias en el contexto educativo, sin que las nuevas soluciones inspiradas en el mercado puedan garantizar que se solvente el déficit percibido en el sistema.

Como consecuencia de este nuevo panorama, los programas escolares se definirán principalmente en función de los resultados y no de los contenidos, centrándose básicamente en los conocimientos y en las competencias, sin prestar demasiada atención a otros aspectos más sociales o emocionales del alumno, y poniendo especial énfasis en conceptos como el riesgo, la cooperación competitiva y el esfuerzo en el trabajo.

«... el sistema educativo pierde su función de mecanismo que permite una igualdad de oportunidades entre todos los alumnos sin importar sus circunstancias personales para convertirse en un sistema de criba y descarte académico y social».

Este enfoque puede conducir a una mayor homogeneidad de los grupos de alumnos, tanto por su situación socioeconómica como por su nivel académico, y permitirá que el centro escolar escogido responda mejor a las creencias culturales y religiosas de las familias. Sin embargo, esto también puede conducir a una mayor tolerancia de las desigualdades y de la exclusión, de manera que el sistema educativo pierde su función de mecanismo que permite una igualdad de oportunidades entre todos los alumnos sin importar sus circunstancias personales para convertirse en un sistema de criba y descarte académico y social.

Este escenario tiende a una privatización creciente de la educación, de manera que el ámbito público va perdiendo cada vez más peso y presencia, queda relegado a mero financiador del sistema a través de «cheques de educación» y otros sistemas similares y deja la red pública de centros escolares para aquellos sectores que la iniciativa privada considera que no son rentables. El Estado se dedicará a gestionar esta diversificación con una intervención legislativa cada vez menor. Esta situación provocará la desaparición de numerosos programas, sobre todo los de carácter más social y de impulso a la igualdad de oportunidades.

Con la desregulación por parte del Estado y la intervención de los actores del mercado, que tendrán un papel mucho más importante en la «gestión» de los niños y de la cultura, aparecerán numerosos modelos nuevos de organización de los centros escolares y de la educación, entre los cuales destacará la personalización de «la escuela en casa», que permitirá a las familias impartir los conocimientos y las capacidades en el hogar siempre que los resultados estén a la altura del resto del sistema.

A medida que se vaya ascendiendo en el proceso educativo, los modelos de mercado tendrán mayor incidencia porque será más fácil el aprovechamiento empresarial de los «productos» del sistema educativo, ya sea en forma de mano de obra cualificada o de producción de nuevos conocimientos, patentes, tecnología, etc. Esta situación puede conducir a la creación de redes entre grupos, centros e individuos que vean la ventaja de cooperar porque comparten unos intereses concretos y puntuales, pero, en líneas generales, la competencia puede llegar a frenar una cooperación más amplia entre todos los actores del sistema.

En este contexto, los organismos internacionales de certificación y los actores locales ganarán poder e influencia y se convertirán en los puntos de referencia para juzgar la calidad del conjunto del sistema y de los diferentes centros educativos.

Finalmente, en el ámbito de los docentes se pueden plantear dos escenarios completamente diferentes en función del poder de los sindicatos y las asociaciones profesionales en cada uno de los países. Esto nos puede llevar a la constitución de un cuerpo docente monolítico que se convierta en un actor más del mercado o, lo que parece mucho más probable, a su diversificación y desestructuración debido a la integración de un gran número de nuevos profesionales con perfiles variados que buscarán empleos en las zonas más tranquilas y agradables, mientras que existirá un déficit constante de profesores en aquellos centros implantados en barrios que se perciben como conflictivos y marginales. La diversificación también dificultará que todo el cuerpo docente pueda tener una calidad similar y resultará difícil que se pueda adaptar con rapidez a los ajustes del mercado.

El ejemplo más claro de este tipo de escenario es Estados Unidos.

Escenario 3: la escuela en el corazón de la colectividad

Si los dos escenarios anteriores forman parte del modelo tradicional del sistema educativo, este es el primero de lo que la OCDE denomina «modelo de reescolarización» y que se basa en una escuela que es el corazón de la colectividad y el centro de formación de capital social, que cuenta con una fuerte confianza de la opinión pública y un elevado nivel de financiación de los organismos estatales.

En este modelo se considera que la escuela es la defensa más eficaz contra la fractura social y la crisis de valores, de manera que se dedica globalmente a proporcionar a sus alumnos los conocimientos, las competencias, las actitudes y los valores que constituirán el fundamento cognitivo y no cognitivo de la formación a lo largo de su vida, poniendo un especial énfasis en los barrios y zonas más desfavorecidos, que se benefician de ayudas financieras y pedagógicas adicionales. En consecuencia, la educación se considera un bien público y la escuela desempeña un papel colectivo esencial dentro de la sociedad. Se puede observar una mejora clara del sistema educativo gracias al apoyo que recibe por parte de la población.

Esto no impide que exista una diversidad organizativa y profesional, pero tiene como objetivo último conseguir una mayor igualdad social. De la misma manera la individualización de la enseñanza en función de las necesidades del alumno se equilibra con actividades colectivas. Esta situación conduce a escuelas muy autónomas, con pocas coacciones impuestas por las autoridades públicas centrales, que se limitan a evaluar sus resultados y a realizar importantes presiones correctivas cuando estos son negativos, además de cuidar de su financiación, que tiene una marcada tendencia al alza.

«... la escuela sigue conservando su papel de transmisión, legitimación y certificación de conocimientos, pero su objetivo último es la obtención de otros productos sociales y culturales, que se podrían resumir con el nombre de "ciudadanía"».

Al situar la escuela en el corazón de la sociedad, los roles profesionales están muy compartidos entre el núcleo de docentes y otras fuentes de experiencias y conocimientos especializados que proceden de grupos de interés muy diversos, entre los que se incluyen los religiosos y los socioculturales. Esto conduce a una institución escolar creativa que tiene unas relaciones muy estrechas con su entorno local.

No obstante, este modelo corre el peligro de crear una mayor distancia entre las zonas más dinámicas y las más desfavorecidas si no se implantan mecanismos poderosos que impulsen la igualdad y la unidad de objetivos para que disminuyan las desigualdades sociales entre barrios y ciudades.

Desde el punto de vista político, este escenario presupone un amplio consenso sobre los objetivos de la enseñanza pública, lo que genera una confianza en el sistema que se ve acompañada de una cooperación muy estrecha entre las autoridades, los docentes, los agentes sociolaborales (empresarios y sindicatos) y las asociaciones locales en beneficio de la escuela. La sociedad reconoce y apoya el papel de la escuela como centro de actividades socioculturales y como mecanismo de integración en la colectividad. Esta confianza permite que el apoyo a la escuela de las clases medias e instruidas sea muy grande y le ofrece una gran libertad para desarrollarse de manera autónoma como centros de solidaridad y de crecimiento del capital social a través de diferentes formas de colaboración con la sociedad civil.

En este marco, la escuela sigue conservando su papel de transmisión, legitimación y certificación de conocimientos, pero su objetivo último es la obtención de otros productos sociales y culturales, que se podrían resumir con el nombre de «ciudadanía». Además, este consenso social y el reconocimiento por parte de las empresas y del mercado laboral de la diversidad de competencias que pueden adquirir los alumnos, libera a los centros escolares de recibir demasiadas presiones sobre su sistema de certificación de los resultados, como ocurría en el modelo anterior. Con ello se reducen las desigualdades y se refuerza la cohesión social, pero a cambio de una acentuación de la diversidad.

Esta diversidad se refleja también en la organización de las escuelas, que adquieren fuerza como centros individualizados y diferenciados, que ven fuertemente reducidas las cargas burocráticas y abren sus puertas a la sociedad, lo que permite una diversificación de los alumnos y una mezcla intergeneracional, ya que se potencian las actividades comunes entre jóvenes, adultos y ancianos. Esta característica favorece la intervención en el ámbito escolar de todos los miembros del sistema educativo: estudiantes, docentes, padres, colectivos y asociaciones, personas interesadas, etc., con lo que se desarrollan los trabajos en red y suele existir una tendencia a difuminar cada vez más la separación entre educación primaria y secundaria. Otro rasgo característico de este modelo es el uso intensivo de las tecnologías de la información.

Este papel creciente que se otorga a los padres y otros actores locales en el proceso educativo provoca un cambio en el papel de los docentes, que constituyen un núcleo de profesionales de la enseñanza que disfrutan de un estatus elevado y muy reconocido por la sociedad, pero que no ejercen este oficio durante toda su vida y que se alejan del modelo funcionarial con una diversificación de contratos laborales, pero también con un aumento significativo de la remuneración.

Finalmente, desde el punto de vista político, el sistema educativo adquiere una dimensión local cada vez más importante, ya que se sostiene en un marco nacional sólido y poco invasivo que resulta de especial importancia en aquellos países que no disponen de un tejido social fuerte. El

Estado renuncia a parte de su control al otorgar un papel dentro del sistema a diversos grupos, empresas o colectivos, a la vez que desarrolla una gran sensibilidad hacia los intercambios internacionales, pero sin aumentar la presencia del control de los organismos supranacionales, lo que favorece la diversidad local.

Escenario 4: la escuela orientada como una organización de aprendizaje

El segundo escenario del modelo de reescolarización es el que más se parece al sistema educativo finlandés, que hemos descrito en los capítulos anteriores. Este escenario de futuro se caracteriza por un elevado nivel de confianza social y de financiación pública de las escuelas, que se organizan y funcionan como organizaciones que aprenden a través de un proceso continuado de experimentación e innovación y de un amplio uso de las tecnologías de la información, junto con otros medios y métodos más tradicionales.

En este contexto, los docentes están muy motivados y las escuelas cuentan con una dotación de recursos muy generosa. Esto les permite trabajar con grupos reducidos de alumnos en un entorno que se caracteriza por el perfeccionamiento continuo del personal y una potenciación de los trabajos en grupo, que tienen como objetivo principal la búsqueda de la calidad a través de la aplicación práctica de los dos valores fundamentales de este modelo: la excelencia y la igualdad. Para alcanzar esta meta existe una interrelación muy estrecha entre los diferentes niveles educativos y el mundo empresarial, sin caer en las presiones economicistas que aquejan al modelo de mercado, porque uno de los fines de la escuela es preparar a los estudiantes para que emprendan una formación continuada a lo largo de toda la vida, basándose en una ética de la equidad sólidamente anclada individual y colectivamente, lo que diferencia este sistema de propuestas similares que se plantean en los escenarios tradicionales 1 y 2.

Este escenario es posible cuando existe un amplio consenso entre los responsables políticos sobre los objetivos y el valor de la enseñanza como bien público y se ofrece un nivel muy alto de apoyo público a la escuela, especialmente en forma de financiación, garantizando que la diversidad de recursos entre los centros escolares individuales no afecte a las oportunidades de aprendizaje y a la igualdad de todos los alumnos. En este sentido, desde la Administración se confía totalmente en la función de la escuela, existe un aparato burocrático muy reducido para la supervisión y orientación del sistema y a los centros educativos se les exige una carga administrativa mínima.

Dentro de este marco, la escuela aparece como una organización sólida orientada al aprendizaje de toda la comunidad educativa (alumnos y docentes), y permite que cada centro tenga un perfil propio. Este afán por aprender permite que la escuela preste una gran atención a las nuevas ideas y aportaciones sobre los procesos de enseñanza y aprendizaje, al mismo tiempo que se convierte en un centro de I+D que produce conocimientos y los aplica en la práctica. Este hecho, junto con la desburocratización de las tareas de dirección, permite la existencia de organizaciones menos jerarquizadas y basadas en el trabajo en equipo que ponen mayor énfasis en la capacidad de gestión del conjunto del personal que en la de un equipo directivo reducido.

El interés por la innovación y el desarrollo facilita que las escuelas introduzcan las tecnologías de la información como herramientas de aprendizaje, de análisis y de comunicación, pero, a diferencia de los modelos anteriores, modifican y adaptan las herramientas didácticas a las nuevas tecnologías, sin aplicarlas de manera mecánica mientras se sigue con la metodología tradicional.

«Pieza fundamental de este escenario educativo es la existencia de un cuerpo docente de muy alto nivel, bien remunerado, con buenas condiciones de trabajo y un gran prestigio y reconocimiento social».

Además de una apuesta decidida por la excelencia y de tener unas expectativas muy altas en los resultados del sistema, las grandes inversiones para garantizar la igualdad de oportunidades para acceder a una educación de calidad han permitido disminuir el fracaso escolar al poner mayor énfasis en las acciones orientadas a compensar las carencias de los grupos más desfavorecidos y a erradicar los programas de escasa calidad, que dilapidan los recursos. Con esta labor de favorecer la igualdad y la excelencia, junto con amplias medidas de orientación y asesoramiento a los alumnos, se les prepara para emprender un proceso de formación continuada que seguirán a lo largo de toda su vida y que les permitirá acceder a un mercado de trabajo cada vez más cambiante y exigente.

Pieza fundamental de este escenario educativo es la existencia de un cuerpo docente de muy alto nivel, bien remunerado, con buenas condiciones de trabajo y un gran prestigio y reconocimiento social. El modelo de relaciones laborales tiende a alejarse del esquema funcionarial para ampliar las formas de contrato, que no repercuten significativamente en la remuneración y que permiten una movilidad creciente entre la enseñanza y otras profesiones relacionadas. De esta manera se produce una ligera disminución del número de carreras profesionales dedicadas exclusivamente a la enseñanza, que se compensa por un fuerte aumento de las plantillas, que permiten una mayor innovación en la enseñanza y el aprendizaje, acompañada del perfeccionamiento profesional a través de la investigación y el trabajo en red.

Finalmente, cabe destacar que este escenario no es posible si desde el punto de vista político no existe un apoyo sólido al modelo educativo propuesto, que se debe combinar con una atención especial a las comunidades menos dotadas de recursos sociales. Al mismo tiempo, se permite una implicación notable de las empresas nacionales y multinacionales en las escuelas, pero sin caer en la presión del mercado característica del escenario 2.

Los países más próximos a este escenario, como Finlandia, son en la actualidad los centros de atención en el ámbito internacional, ya que son líderes mundiales en la evaluación de las competencias educativas.

Escenario 5: la red de estudiantes y la sociedad en red

Los dos últimos escenarios dibujados como alternativas de futuro por parte de la OCDE forman parte del modelo de desescolarización, consecuencia de la desintegración de los sistemas escolares existentes, fundamentalmente los escenarios 1 y 2, aunque también se podría derivar de los dos últimos que hemos visto, a pesar de ser una hipótesis mucho menos plausible.

El escenario que nos ocupa tiene su origen en una insatisfacción generalizada y un rechazo profundo de los sistemas escolares organizados, de manera que se potencia la adquisición de conocimientos mediante las tecnologías de la información fuera de las estructuras formales y «analógicas», siguiendo el empleo de la sociedad en red o digital. Las personas se agrupan por comunidades de intereses y dirigen a la escuela tradicional toda una serie de críticas, contradictorias entre sí porque parten de supuestos ideológicos muy diferentes. En este sentido, se le reprocha al sistema escolar que reproduce demasiado las desigualdades de la estructura socioeconómica, que no refleja suficientemente bien las diferencias culturales, que es demasiado burocrático, que es incapaz de adaptarse a los cambios de las sociedades complejas y diversificadas, o que está desconectado de la vida económica. En consecuencia, el proceso de transición hacia esta escolarización en red puede partir tanto de una radicalización de los supuestos neoliberales de predominio del mercado, con lo que se convertiría en la manifestación más extrema del escenario 2, como de supuestos ideológicos completamente opuestos, partiendo de tesis antisistema. Por tanto, desde el punto de vista ideológico, el escenario es muy ambivalente.

> **«... se potencia la adquisición de conocimientos mediante las tecnologías de la información fuera de las estructuras formales y "analógicas", siguiendo el empleo de la sociedad en red o digital».**

La insatisfacción y las grandes posibilidades que ofrecen las tecnologías de la información, que son muy potentes y poco costosas, provocan el abandono de los centros escolares y el resultado inmediato es una desinstitucionalización radical de los sistemas escolares. No obstante, este abandono no se prevé indiscriminado, sino que estará encabezado por la parte más instruida de la población y por comunidades de intereses fuertemente motivadas, como pueden ser los grupos religiosos, que contarán con el apoyo de determinados partidos políticos, de los medios de comunicación y de las empresas multimedia que operan en el mercado de la formación. Esta situación provocará un aumento de la desigualdad que afectará a los sectores sociales más desfavorecidos, que tienen problemas para acceder a la tecnología que les permita integrarse en este nuevo sistema educativo.

La desaparición de la escuela y, en consecuencia, de la aportación de dinero público, provocará la aparición de nuevas formas de financiación privada, voluntaria (benevolencia o beneficencia) y asociativa, que son los modelos hacia los que ha evolucionado la sociedad en red.

Con la disgregación del sistema escolar también desaparecen los programas de enseñanza bien estructurados, que serán sustituidos por temarios individualizados y adaptados a los objetivos de las redes que formen estudiantes, padres, profesionales, empresas, asociaciones y otros grupos de intereses que podrán aparecer en el futuro. Esta situación provocará también una desintegración social, porque las afinidades de grupo que se desarrollen en la red no coincidirán con las redes sociales «analógicas», cosa que causará problemas de aislamiento y deshumanización que ya se han detectado en muchos países desarrollados.

Un problema adicional que presenta este escenario es la acogida, integración y socialización de los niños que, al desaparecer la escuela, se tendrá que realizar a través de diferentes actividades deportivas y socioculturales, aunque algunos analistas han llegado a plantear la hipótesis de la supervivencia de las escuelas centradas única y exclusivamente en esta tarea de socialización y en la transmisión de los conocimientos básicos de lectoescritura y cálculo. Pero no existe una opinión más o menos unánime sobre la posibilidad de supervivencia de un sistema de escuelas «físicas» en este mundo virtualizado, puesto que se plantean hipótesis muy divergentes: las escuelas como centros para transmitir unos conocimientos básicos o como centros de formación avanzada orientados al mundo laboral; la escuela como institución elitista con muchos recursos materiales, económicos y de personal o como centro marginal para los sectores más desfavorecidos de la población. En cualquier caso, el sistema escolar tal como lo conocemos en la actualidad desaparece.

Ante la desaparición del sistema escolar y de la intervención de las Administraciones públicas en este terreno, también se transformará radicalmente la figura de los docentes. Su papel como transmisores de conocimientos quedará difuminado ante los alumnos y los padres, porque sus funciones serán asumidas por profesionales de orígenes muy diferentes; su actividad actual en un espacio concreto, el aula, se verá sustituida por una interacción virtual a través de la red, por asistencia telefónica, visitas a domicilio y consultas en un despacho profesional. Estas actividades tendrán un carácter individualizado y no colectivo, como ocurre en la actualidad.

Además, esta nueva forma de aprender superará las limitaciones de tiempo y espacio que existen en la actualidad, y facilitará que el proceso de aprendizaje se contemple como una necesidad a lo largo de toda la vida.

Escenario 6: la desintegración del sistema escolar

La hipótesis anterior dibuja un escenario de futuro lleno de incertidumbres, pero en el que se pueden vislumbrar algunas tendencias esperanzadoras que pueden permitir la articulación de un sistema educativo radicalmente diferente a los que conocemos en la actualidad pero que no tiene que ser forzosamente mucho peor que los actuales. Sin embargo, el último escenario de futuro planteado por la OCDE carece de estos elementos y se plantea como una respuesta pesimista a los retos que plantean los problemas que aquejan fundamentalmente al escenario 1 de los sistemas escolares burocráticos.

Para la aparición de esta hipótesis tienen que confluir cuatro grandes factores:

1. Un perfil de edad de los docentes muy asimétrico que provoca jubilaciones más numerosas que las nuevas contrataciones.

2. Un período largo caracterizado por un mercado de trabajo muy tenso y por una falta generalizada de calificaciones, hecho que desemboca en graves dificultades para contratar nuevos docentes y para mantenerlos en la profesión.

3. Una grave crisis económica, persistente en el tiempo, que dificulte el pago del profesorado o de los gastos corrientes escolares, que impida el aumento de la remuneración de los docentes y de la plantilla que serían necesarios para

reforzar el atractivo comparativo de la profesión. Esto último se considera prohibitivo debido a la amplitud de las plantillas implicadas.

4. Aunque se comprueba que las medidas tomadas por el Estado son eficaces, se plantea una espera larga hasta que se consiga un aumento significativo de los docentes en activo, lo que hace más difícil romper el círculo vicioso.

Esta crisis de contratación de docentes y la percepción creciente de una disminución de la calidad en la enseñanza pública provocan un descontento general de la opinión pública y de los medios de comunicación, que presionarán a las autoridades políticas. Pero estas se verán impotentes ante la amplitud del problema y la persistencia de obstáculos culturales, sociales, políticos y sindicales que impiden los cambios necesarios para adoptar otro escenario. La consecuencia de esta situación es que la educación se convierte en un tema de conflicto político y las únicas medidas que se llegan a consensuar son actuaciones de urgencia a corto plazo, pero sin una estrategia de futuro.

Otro aspecto de este conflicto político será la tensión creciente entre las autoridades centrales y las periféricas (en el caso español estaríamos hablando de las comunidades autónomas), porque las primeras intentan ampliar sus poderes y recentralizar el control del sistema, mientras que las segundas pretenden aumentar su autonomía para protegerse de la falta de docentes y del descenso de la calidad, que se contempla más como un problema ajeno que propio. Esta crisis política intensificará el interés de las empresas en acceder al mercado de la formación obligatoria y también conducirá, por una parte, a reacciones de solidaridad para facilitar docentes cualificados a los países con problemas y, por la otra parte, también se tomarán medidas proteccionistas para proteger el capital humano ante las ofertas más atractivas que puedan llegar del extranjero.

> «… la educación se convierte en un tema de conflicto político y las únicas medidas que se llegan a consensuar son actuaciones de urgencia a corto plazo, pero sin una estrategia de futuro».

En esta situación de crisis, los programas educativos bien estructurados se verán sometidos a grandes presiones, en especial en las disciplinas en las que falten docentes, y en líneas generales se observará una reacción de rigidez con el reforzamiento del sistema de exámenes y de los mecanismos de responsabilización en un intento por detener la pérdida de calidad. Además, se producirá un cambio importante en los objetivos de la formación, que ahora se enfocará mucho más hacia los resultados y a satisfacer la demanda de las presiones externas al sistema, lo que provocará un aumento de las desigualdades entre centros escolares, barrios, grupos socioculturales, etc. Uno de los ejemplos más claros de esta situación será la vuelta a los métodos tradicionales, ante la presión de la opinión pública por la disminución del nivel y por el hecho de tener clases cada vez más sobrecargadas de alumnos y de materias a impartir.

No obstante, también en este escenario se producirán reacciones radicalmente opuestas y, junto a la vuelta a esta metodología tradicional, algunos centros adoptarán soluciones más innovadoras, integrando diferentes fuentes de competencias que pueden provenir de otros niveles de enseñanza, de las empresas y de las organizaciones sociales, y combinarán las clases magistrales con agrupamiento de alumnos, formación a domicilio, uso intensivo de las tecnologías de la información, etc. Esta situación profundizará las desigualdades entre los centros más dinámicos e innovadores y los más tradicionales.

El primer reflejo de esta situación será que las familias más acomodadas que tengan a sus hijos en centros públicos afectados en mayor medida por esta problemática, abandonarán estas escuelas y optarán por la enseñanza privada.

Finalmente, desde el punto de vista de los docentes, la falta de personal conduce a una rápida degradación de las condiciones de trabajo, que será especialmente grave en los centros con menos recursos. Las propuestas de aumentos de sueldo no serán capaces de retener a buena parte del personal más cualificado y se propondrá la reincorporación de docentes jubilados o que han abandonado la profesión. Pero todas estas medidas tendrán unos resultados en líneas generales muy decepcionantes, especialmente en las zonas donde más falta haría una mejora sustancial del sistema escolar.

La falta de personal docente provocará la aparición de un mercado de puestos semiprofesionales para «encargarse de los niños» dentro del espacio escolar y también se propiciará la extensión de la escuela en casa cuando el Estado refuerce las subvenciones a los hogares con rentas más bajas.

«… en la situación actual este escenario ha empeorado y los recortes han acelerado algunos de los factores de desintegración presentes en los sistemas escolares de los países afectados».

Cuando se planteó este escenario en el año 2001 se estaba viviendo un buen momento económico y no se podía vislumbrar la crisis económica y financiera que afecta a todos los países occidentales desde hace más de un lustro. Por esta razón, la OCDE no integró en esta hipótesis de futuro la variable de que los Estados emprendieran unos recortes drásticos en los presupuestos de educación y que la expulsión de los docentes del sistema no solo se pudiera deber a las razones que se han esgrimido sino también a la reducción de las plantillas por falta de financiación. Evidentemente, en la situación actual este escenario ha empeorado y los recortes han acelerado algunos de los factores de desintegración presentes en los sistemas escolares de los países afectados.

Hasta aquí los escenarios de futuro planteados por la OCDE, que se podrían resumir en dos modelos actuales, dos hipótesis de un futuro halagüeño y dos posibilidades de un futuro bastante pesimista del sistema escolar. No es necesario recalcar que ningún país se enmarca única y exclusivamente en uno de estos escenarios, sino que pertenece principalmente a uno de ellos con más o menos características de todos o algunos de los demás. Con todo lo que hemos visto hasta ahora, Finlandia se encuentra claramente dentro del escenario 4 de la escuela orientada como una organización de aprendizaje, con características del escenario 3 de la escuela en el corazón de la colectividad. Pero lo más importantes es que casi no presenta rasgos propios del escenario de desintegración del sistema.

Teniendo en cuenta esta perspectiva, ¿dónde se encuentra el sistema educativo español? Vamos a dedicar el último capítulo de este libro a responder a esta pregunta.

El sistema educativo español: ¿historia de un fracaso?

Hasta aquí hemos analizado el sistema educativo que en las últimas décadas ha obtenido de manera continuada y consistente los mejores resultados en las pruebas internacionales de competencias lectora, matemática y científica, y hemos delimitado el «hecho diferencial» que permite explicar este éxito cuando se compara a Finlandia con los demás países escandinavos, que comparten una situación socioeconómica y política muy similar, pero cuyos resultados educativos son radicalmente diferentes. También hemos planteado una definición del sistema educativo que va mucho más allá del simple sistema escolar, y hemos resumido los escenarios de futuro, algunos de ellos bastante negros, que plantea la OCDE.

Todos estos datos y planteamientos tienen interés por sí mismos, pero quedarían en un plano teórico si no bajásemos a la realidad del sistema educativo español para intentar analizarlo en función de estos parámetros y para plantear algunas propuestas de mejora y reforma del sistema que nos acerquen al modelo finlandés. Este coincide con el escenario 4 de las propuestas de la OCDE, que plantea una escuela orientada como una organización de aprendizaje, y con el 3, en el que la escuela es el corazón de la comunidad, sin excluir la utilización del 5 en algunos ámbitos educativos, especialmente en la formación de adultos.

El objetivo no es convertirnos en finlandeses, algo que por geografía, historia y carácter sería totalmente imposible, pero podemos copiar y adaptar aquellas características de ese país nórdico que nos permitan mejorar y alcanzar la excelencia educativa que buscamos desde hace tantas décadas y que es el objetivo final (y frustrado) de todas las leyes de educación que se han aprobado desde la restauración del sistema democrático. En este sentido, este libro tiene la pretensión de participar en el debate que se está planteando y marcar el camino que parece más adecuado para retomar la senda del éxito educativo.

No obstante, una puntualización antes de adentrarnos en el caso español: en las páginas que vienen a continuación nos vamos a centrar básicamente en todo aquello que nos diferencia del modelo de éxito y que habría que mejorar o reformar para reorientar el sistema educativo hacia un escenario de futuro que mejore sensiblemente los resultados de los alumnos españoles en las pruebas internacionales de competencias educativas. Seguramente vamos a resaltar más los aspectos negativos y vamos a dejar de lado las características más positivas que tiene el sistema, pero con esto no queremos contribuir a la autoflagelación pesimista ni al discurso antiescolar de los sectores interesados en desmontar la enseñanza pública y encaminarnos hacia escenarios de libre mercado educativo. El objetivo es analizar para mejorar, y no debemos olvidar un dato que comentamos un poco más arriba: a pesar de todas las deficiencias del sistema escolar español, de la debilidad de nuestro Estado del bienestar, de los escasos recursos que se dedican a la educación y otros muchos rasgos que nos alejan de los países escandinavos, los resultados de los alumnos españoles están muy lejos de los finlandeses, pero prácticamente a la par de suecos, noruegos y daneses, lo que quiere decir que, a pesar de todo, hay algunas cosas que se están haciendo muy bien y que ayudan a superar todos esos problemas que vamos a comentar a continuación.

Al principio de estas páginas señalábamos que el sistema educativo está formado por tres subsistemas, familiar, sociocultural y escolar, que interactúan como un engranaje y deben girar en la misma dirección para que el sistema educativo funcione como una maquinaria perfecta. A continuación vamos a analizar de una manera muy breve cómo son estos tres subsistemas en el caso español.

El subsistema familiar

En este ámbito de actuación tampoco existe ni ha existido una política familiar clara y consensuada entre todas las fuerzas políticas que permita superar los problemas que se plantean en este terreno. La sucesión de leyes e iniciativas, que en muchos casos han ampliado los derechos, han intentado igualar el papel de los géneros en la sociedad y han dado naturaleza legal a los nuevos modelos de familia que han surgido en las últimas décadas, no ha conseguido, sin embargo, que la familia española deje de ser básicamente una institución patriarcal con poca implicación del hombre en las tareas domésticas y en las responsabilidades educativas de la familia, que siguen recayendo fundamentalmente en la mujer.

Esta falta de política familiar también ha provocado una disminución paulatina de la natalidad, que se sitúa en 1,32 hijos por mujer, una cifra muy alejada de la media europea (1,52) y de la tasa de relevo generacional (2,1). Por seguir con las comparaciones con los países escandinavos, la tasa de fecundidad en Finlandia se sitúa en 1,86 hijos por mujer, 1,94 en Suecia y 2,00 en Noruega. La consecuencia inmediata de esta situación es la reducción también paulatina del número de alumnos que entran en el sistema escolar y, por consiguiente, la obligación de reconvertirlo continuamente para adaptarse a esta baja natalidad. No obstante, en los últimos años la disminución se ha paliado por la enorme entrada de alumnos inmigrantes en las aulas españolas, aunque seguimos muy lejos de los índices de inmigración de países como Francia o Alemania.

Esta desprotección de la familia se refleja también en los recursos públicos dedicados a apoyar a las unidades familiares y sobre todo a las mujeres. El conjunto de la inversión pública española en políticas familiares representa el 1,51 % del PIB, mientras que en Finlandia es del 3,31 y del 4,20 en Noruega, de manera que nos situamos una vez más a la cola de la Unión Europea en este tema. La consecuencia inmediata de esta situación es que todo el esfuerzo social y económico se carga sobre las unidades familiares y, sobre todo, sobre las mujeres. En resumidas cuentas, se puede decir que el sistema familiar español vive gracias a las mujeres, que son las que pagan el precio, que no es solo económico sino también personal, laboral y afectivo.

«… tampoco existe ni ha existido una política familiar clara y consensuada entre todas las fuerzas políticas que permita superar los problemas que se plantean en este terreno».

Otro de los efectos de la nula política familiar es la dificultad para conciliar el trabajo y la vida familiar. Al resultar imposible armonizar el trabajo fuera de casa con las labores domésticas y las responsabilidades educativas, las familias deben optar por dejar de realizar algunas de estas funciones. Como no pueden abandonar sus responsabilidades laborales, porque de ellas depende su supervivencia, ni descuidar las tareas domésticas, por motivos de salud e higiene, acaban dejando en un segundo lugar sus responsabilidades educativas, que delegan completamente en el sistema escolar. Esta situación genera en muchos padres y madres un desinterés por lo que ocurre en la escuela que va acompañado de una actitud sumamente crítica cuando la institución y los docentes no pueden responder a todas las exigencias que recaen sobre ellos y que en buena parte son responsabilidad de la familia. Otro grupo importante de padres y madres se sienten muy frustrados por la imposibilidad de participar más activamente en la educación de sus hijos y acaban generando un fuerte sentimiento de «indefensión». Esta situación se refleja en el terreno de los fríos datos estadísticos cuando vemos que solo un 15 % de las familias españolas se considera la primera responsable de la educación de sus hijos, frente al 55 % de las familias finlandesas. La familia española ha abandonado sus responsabilidades educativas y ha traspasado sus obligaciones a la escuela, que no está preparada ni pensada para realizar este papel.

Cuando este contexto de falta de política familiar se combina con situaciones de precariedad laboral, recortes de las ya escasas prestaciones públicas y problemas de desestructuración familiar, aumenta exponencialmente la pobreza del conjunto de la unidad familiar, sobre todo de los niños. Esto genera un grave problema de pobreza infantil y los padres se ven obligados a disminuir aún más sus tareas educativas con sus hijos.

Toda esta situación atenta de manera clamorosa contra la igualdad de oportunidades, que, como hemos visto antes al analizar el caso finlandés, no consiste en un derecho teórico, sino que las Administraciones públicas garantizan activamente que todos los niños disponen de los recursos suficientes para tener las mismas posibilidades de éxito en su etapa escolar.

Volviendo a la imagen de los engranajes, en el caso español el subsistema familiar es un engranaje débil, que ha abandonado en buena parte sus responsabilidades educativas y que en el mejor de los casos está detenido, cuando no gira en sentido contrario a las necesidades del conjunto del sistema.

El subsistema sociocultural

El sistema legal implantado en España desde prácticamente el siglo XVI se caracteriza por su carácter burocrático sea cual sea el régimen político que lo sustente. La sucesión de monarquías autoritarias y absolutas, dictaduras y sistemas democráticos no ha variado esencialmente la estructura burocrática del país, que teóricamente tiene la función de garantizar el respeto escrupuloso de la ley, los derechos de los ciudadanos y velar por que todos tengan las mismas oportunidades de acceder a la Administración. En la práctica, sin embargo, se convierte en una maraña de normas contradictorias, procedimientos interminables y obstáculos insalvables. A pesar de la opinión popular y el chiste fácil, el problema no son los funcionarios, entre los que, como en todas las profesiones, los hay buenos, malos y regulares, sino la existencia de un procedimiento y una normativa tan enmarañada que no facilita en absoluto la gestión de cualquier tema ante cualquier organismo administrativo. En el caso español, la situación empeora por la duplicidad de los mismos servicios en los diferentes niveles administrativos: local, autonómico y estatal.

Esta situación provoca un fraccionamiento irracional de todo el subsistema sociocultural que se explica fácilmente con un ejemplo muy claro: las bibliotecas públicas. Si no se dispone de la acreditación de una biblioteca concreta no se puede acceder a los libros o pedirlos en préstamo. Pero resulta que todos esos libros han sido financiados sin excepción por los impuestos de todos los ciudadanos, de manera que lo más lógico sería que con una sola acreditación o sin ninguna en absoluto (¿para qué tenemos el DNI que nos piden en todas partes?) se pudiera acceder a todas las bibliotecas públicas, sobre todo si tenemos en cuenta que en los últimos años han ido desapareciendo las redes de bibliotecas «privadas», fundadas principalmente por las cajas de ahorros.

**«Como no hay películas ni programas
en lengua original subtitulada, los niños
no tienen que hacer ningún esfuerzo para
leer en su propio idioma y no aprenden
lenguas extranjeras con facilidad».**

Este fraccionamiento atenta contra la igualdad de oportunidades porque impide que los sectores sociales más desfavorecidos puedan acceder a todos los recursos disponibles sin necesidad de trámites adicionales.

Otro de los elementos esenciales de este subsistema que actúa en contra del conjunto del sistema educativo es la práctica sistemática del doblaje a las lenguas oficiales (castellano, catalán, gallego y euskera) de casi todo el material audiovisual, principalmente cine y televisión. Como no hay películas ni programas en lengua original subtitulada, los niños no tienen que hacer ningún esfuerzo para leer en su propio idioma y no aprenden lenguas extranjeras con facilidad. Las necesidades económicas y sociales ya han dejado muy claro que es necesario que la población domine otras lenguas además de las propias, especialmente el inglés. Las autoridades han recogido el guante, pero la política educativa derivada de ello vuelve a ser simplemente una política escolar: la escuela tendrá la obligación de enseñar una segunda o tercera lengua, pero el contexto sociocultural actuará en contra de esta obligación, porque el alumno no estará inmerso en esa lengua nueva de una manera continuada a lo largo del día, sino únicamente durante las horas semanales que se le dedican en la escuela. Quizás se pueda resumir la situación con una anécdota que no deja de tener su importancia: de los seis presidentes del Gobierno que llevamos en esta etapa democrática, pocos de ellos parecían hablar inglés fluidamente. Una vez más, los engranajes giran en el sentido contrario.

Podríamos seguir con otros muchos ejemplos en el campo de la música, la danza, el teatro, el deporte y otras manifestaciones culturales, pero solo servirían para añadir más ejemplos a los dos defectos fundamentales: la burocratización y la falta de planes estratégicos que sitúen la estructura sociocultural en consonancia con las necesidades educativas, lo que no ayuda en absoluto a la igualdad de oportunidades.

Finalmente, una última reflexión sobre la educación infantil. En España se ha convertido prácticamente en obligatoria la etapa de 3 a 6 años, mientras que el acceso a las guarderías resulta cada vez más difícil por su escasez y por la reducción de las subvenciones a las familias. La situación española impide que las unidades familiares puedan decidir libremente si durante este período acceden a una guardería, utilizan otros servicios de cuidadoras familiares o se dedica la propia madre al cuidado de sus hijos, porque el Estado no dedica recursos a esta etapa formativa. En contraste, en Finlandia la educación infantil de 0 a 6 años no es obligatoria y no depende del Ministerio de Educación sino del Ministerio de Asuntos Sociales. Sin entrar en valoraciones sobre el tipo de educación y los contenidos que se imparten, esta diferencia resulta crucial a nivel financiero: en España la educación infantil de 3 a 6 años está incluida en el 4,4 % del PIB que se destina a Educación, mientras que Finlandia dedica el 5,5 % del PIB a Educación sin cubrir el presupuesto de esta etapa educativa. Tampoco en este campo funcionan bien los engranajes.

El subsistema escolar

Como se ha mencionado antes, la responsabilidad principal del sistema educativo recae sobre el subsistema escolar, que debe resolver todos los problemas del país que contengan algún aspecto educativo. Las escuelas contemplan cómo se les asignan objetivos para resolver conflictos que no tienen nada que ver con el contexto escolar y, para empeorar la situación, estos requerimientos llegan en aluvión, sin ninguna planificación ni coordinación con otras políticas estatales o autonómicas.

> **«... con una ley orgánica nueva cada cinco o seis años no es posible consolidar un modelo ni apartar la educación del debate partidista».**

Entre tantos objetivos diversos, a veces contradictorios o directamente opuestos entre sí, la escuela debe rendir cuentas a una sociedad que ve que la función educativa principal de los colegios va disminuyendo cada día más para ser sustituida por una función asistencial y de «guardería», que garantice a los padres la permanencia de sus hijos en el centro escolar mientras están trabajando.

Esta situación se ha ido degradando a medida que los diferentes cambios legislativos han provocado una variación continua en la estructura del sistema escolar y una reorganización constante de las escuelas, sin dejar tiempo para que las diferentes propuestas cuajen y den o no resultados. Como mencionábamos al principio, con una ley orgánica nueva cada cinco o seis años no es posible consolidar un modelo ni apartar la educación del debate partidista. Tampoco la duplicidad de funciones entre el Ministerio y las consejerías autonómicas de Educación ha ayudado a clarificar el sistema y ha introducido además el conflicto competencial entre Administraciones. Las leyes de educación han tenido siempre la tendencia a entrar en la definición de los contenidos concretos de los diferentes niveles de estudios, de manera que se ha reforzado la tendencia burocrática e intervencionista de la legislación española, porque a falta de un consenso sobre el modelo educativo, cada partido estatal o autonómico ha querido imponer su visión con una definición detallada de todo lo que se debía impartir en las aulas.

«... se han empezado a detectar bastantes factores de riesgo que, si seguimos así, nos conducirán hacia el escenario 6 de desintegración escolar».

Este intervencionismo se ha unido a un sistema de financiación opaco que no permite conocer realmente cuál es el coste verdadero de una plaza escolar en los diferentes niveles educativos. Por eso no sabemos si el reparto presupuestario por niveles y centros concretos es justo o no, si responde a criterios objetivos o simplemente a razones políticas. Sin una definición clara de dicho coste tampoco se puede saber si los acuerdos con las escuelas concertadas son adecuados o no, ni se pueden fijar suplementos presupuestarios para los centros en las zonas con problemas sociales más graves.

Teniendo en cuenta todos estos aspectos, está claro que España se encuentra inmersa en el escenario 1 de un modelo burocrático, con grandes posibilidades de derivar hacia el escenario 2 del modelo de mercado, puesto que las leyes educativas aprobadas por los dos grandes partidos españoles se han movido pendularmente entre estos dos modelos. Pero lo más preocupante es que se han empezado a detectar bastantes factores de riesgo que, si seguimos así, nos conducirán hacia el escenario 6 de desintegración escolar, sobre todo en los temas relacionados con los docentes, que vamos a analizar a continuación. Los factores están ahí, pero aún estamos a tiempo de reconducir la situación hacia modelos de éxito y reducir las posibilidades de caer en una desintegración del sistema escolar.

La escuela española ha sido diseñada para generar alumnos poco creativos, reflexivos y responsables. Se transmiten conocimientos, que son los que el Estado central diseña, sobre lo que debemos y no debemos aprender, se fomenta la dependencia del Estado, el servilismo y la lotería como medidas de ascenso social. El alumno modelo es el que no pregunta, el que hace lo que debe, el que no piensa por sí mismo. En mi modesta opinión, en España hay muy poca libertad para crear individuos responsables de sí mismos, de su aprendizaje, independientes, creativos, críticos socialmente para mejorar su sociedad, que arriesguen, que innoven, que creen empresas, que trabajen en grupo, que generen conocimiento. Pero todo ello con la finalidad de mejorar socialmente nuestra comunidad cercana y lejana. Esos deberían ser algunos de nuestros nuevos objetivos.

La selección y formación del profesorado

Para ser docente de educación infantil y primaria, en España y en la mayoría de los países del mundo (excluyendo Finlandia), el único requisito durante muchos años ha sido aprobar la selectividad, lo que no representa un gran obstáculo, ya que más del 90 % de los alumnos que se presentan cada año a las pruebas las superan sin grandes dificultades. La mayoría de los aspirantes a docentes tienen una media de notas baja en comparación con otros estudios superiores, porque tampoco se exigen notas altas para acceder a las escuelas universitarias de magisterio. De hecho, desde hace algunos años, la mayoría de los nuevos alumnos de las facultades de educación entran mayoritariamente desde la formación profesional de grado superior y no del bachillerato. Con esta situación no se cumplen los requisitos de calidad de las fases «a» y «b» que hemos visto en el caso finlandés.

El proceso de selección se produce *a posteriori* mediante las conocidas oposiciones, en las que la Administración criba a los que considera «mejores» sin tener en cuenta criterios esenciales como la sensibilidad social y la empatía, sino centrándose estrictamente en una evaluación de los conocimientos. Al realizarla después de la formación, muchos docentes quedan en paro porque no han satisfecho el criterio de calidad exigida en las oposiciones. Con esto se pierde la inversión en formación realizada por la misma Administración y se hace perder tiempo y dinero a un alumno que posiblemente habría conseguido acomodo en otra profesión.

Además, los criterios de evaluación en las oposiciones no coinciden totalmente con los estudios recibidos en las universidades, de manera que el aspirante a maestro debe superar nuevas pruebas que invalidan las realizadas por los centros universitarios. Con ese proceso de criba se destruye todo el prestigio de las universidades y se consigue que sus títulos, que certifica la Administración, no sirvan de nada si no quedan refrendados por las oposiciones. En definitiva, se trata de un sistema de selección después de la formación que malgasta recursos económicos, tiempo e ilusiones de unos estudiantes que se ven frustrados después de invertir varios años de su vida para formarse en una profesión que no podrán ejercer y se dan cuenta de que, si hubieran pasado por el proceso de selección antes de empezar los estudios, se podrían haber reorientado hacia otras carreras.

Pero los problemas no se centran únicamente en el proceso de selección, sino que afectan también a la formación del profesorado, que, como hemos visto antes, se dedican bastante menos horas que en Finlandia, si nos referimos a los estudiantes de educación infantil o primaria. La masificación de las aulas en las facultades de educación no permite al profesorado universitario ofrecer una educación de mejor calidad. La situación de los futuros profesores de secundaria y formación profesional es aún más dramática. Los licenciados que se quieren dedicar a la docencia en esos niveles, a pesar de tener una buena formación en sus especialidades, carecen de una correcta formación pedagógica que se intenta paliar con cursos específicos, en la actualidad a nivel de posgrado, pero que en general no sirven para paliar dichas carencias ni para evaluar sus capacidades reales para impartir clases.

> **«... las escuelas de prácticas españolas están desconectadas de la universidad y de otros centros similares, no realizan un uso más intensivo de las tecnologías de la información que otros colegios y no disponen de condiciones especiales para facilitar el acceso de los estudiantes en prácticas a las aulas».**

La masificación impide que la metodología de trabajo en las escuelas universitarias de educación sea la más adecuada para preparar a los estudiantes, con un predominio de las clases magistrales en grupos de tamaño medio. El sistema universitario no potencia la autoevaluación ni el espíritu crítico e investigador de los alumnos, ya que no existe ninguna tesina o trabajo de investigación de final de carrera. También se prima la transmisión de conocimientos de las diferentes materias por encima de la didáctica, mientras que en el caso finlandés la relación es justo la contraria.

Esta situación tampoco mejora en las escuelas de prácticas, que en España pueden ser de titularidad pública o privada, pero no de las facultades de educación, como ocurre en Finlandia. Los profesores de estas escuelas no superan ningún tipo de selección previa y el nivel de los centros es igual al del resto de escuelas del país. Además, la coordinación con la universidad es muy escasa debido a la gran cantidad de alumnos que cada tutor debe seguir. La ratio profesor-alumnos no se diferencia del resto de centros, lo que dificulta la interacción de los estudiantes en formación en las aulas y no permite una buena observación crítica de las actividades del docente. Con estas premisas parece evidente que no domina el modelo de investigación y aplicación de innovaciones, como sí hemos visto en las escuelas de prácticas en Finlandia. En definitiva, las escuelas de prácticas españolas están desconectadas de la universidad y de otros centros similares, no realizan un uso más intensivo de las tecnologías de la información que otros colegios y no disponen de condiciones especiales para facilitar el acceso de los estudiantes en prácticas a las aulas. A todo eso se añade que los profesores de prácticas no reciben ningún complemento o remuneración especial como profesor asociado a la universidad.

Salvo honrosas excepciones, el sistema de formación de los futuros docentes españoles está muy alejado de un modelo de excelencia. Así, este modelo tampoco se puede trasladar a las aulas de educación primaria o secundaria cuando los estudiantes se incorporan como profesionales a las escuelas.

En líneas generales, se dibuja un panorama muy poco halagüeño para el futuro del sistema educativo en España. Pero, como dijimos al principio de este capítulo, el objetivo no es la autoflagelación ni la crítica estéril, sino el análisis de las deficiencias para plantear unas propuestas de mejora y reforma que permitan encarar el futuro con optimismo.

Propuestas de mejora del sistema educativo español

La situación que acabamos de describir y los resultados que obtienen los alumnos españoles en las pruebas internacionales de competencias lectora, matemática y científica no dejan el menor margen de duda a que el sistema educativo español necesita una reforma en profundidad para mejorar, eliminar de su seno los riesgos de desintegración que tienen cada vez más fuerza y permitirle afrontar el futuro con optimismo.

El primer requisito para esta reforma es dejar muy claro que no se trata del enésimo cambio del sistema escolar, sino de repensar en profundidad el sistema educativo, con sus tres subsistemas, y que las medidas deben dirigirse a los tres ámbitos que hemos mencionado: escolar, familiar y sociocultural. Si, una vez más, las medidas solo se centran en el subsistema escolar, la reforma, por buena que sea, naufragará a causa de las resistencias y las contradicciones de los otros dos subsistemas. Este objetivo no se pondrá alcanzar si no se define una estrategia de futuro ampliamente pactada entre todas las fuerzas políticas, sociales, sindicales y empresariales del país, si no dejan de lado sus intereses partidistas a corto plazo y sus prejuicios ideológicos para sentarse en una mesa y negociar un modelo de futuro. Si este pacto fue posible en la década de 1980 respecto a la sanidad, también lo debe ser en la segunda década del siglo XXI con la educación, que es el fundamento para el desarrollo individual y colectivo de la sociedad española, así como para transformar la economía hacia un sistema productivo basado en el conocimiento y no en la especulación urbanística, y para profundizar en la participación democrática de los ciudadanos.

Para alcanzar este acuerdo se deberá abandonar el movimiento pendular entre los escenarios tradicionales, burocrático y de mercado, para encaminarnos decididamente hacia un modelo de futuro, que deberá combinar elementos de los escenarios de la escuela como comunidad de aprendizaje y como corazón de la colectividad. Posiblemente por el camino queden bastantes prejuicios y algunos privilegios, pero lo más seguro es que también perdamos de vista el fracaso escolar y mejoren los resultados en las pruebas internacionales, porque habremos dado estabilidad al sistema educativo y lo habremos sacado del debate político.

«... repensar en profundidad el sistema educativo, con sus tres subsistemas y [...] las medidas deben dirigirse a los tres ámbitos que hemos mencionado: escolar, familiar y sociocultural».

Este consenso político también requerirá una apuesta decidida por aumentar la inversión educativa por parte de la Administración pública, con un objetivo que debería ser situar la inversión en educación en el 6% del PIB durante los próximos diez años para compensar el estancamiento acumulado de los últimos tres lustros y acercarnos a la media europea. Para empezar, deberíamos cambiar el lenguaje y dejar de hablar de «gasto» en educación y pasar a utilizar el concepto de «inversión», porque cada euro destinado al sistema educativo es una inversión a medio y largo plazo que demuestra confianza en el futuro del país.

Este esfuerzo inversor debería ir acompañado de un esfuerzo por hacer más transparente la financiación escolar, mediante la clarificación y explicación del precio de una plaza escolar sin importar la titularidad del centro. El objetivo sería aplicar este criterio a todos los alumnos del Estado y utilizar esa cifra como base para establecer las ayudas adicionales para aquellos centros o zonas con necesidades especiales y que requieren un aporte adicional de recursos por parte de la Administración.

«... una desburocratización de la educación (aumento de la autonomía y descentralización de las escuelas) en el marco de una normativa mucho más flexible y mucho menos invasiva».

A partir de aquí se pueden empezar a aplicar toda una serie de reformas que deberían empezar por el sistema de selección y formación del profesorado de educación primaria y secundaria. A imagen de Finlandia, esta selección se tendría que realizar antes de la entrada en la universidad, aumentando las notas de corte y evaluando si el aspirante está realmente capacitado para enseñar a nuestros hijos, no solo por su nivel de conocimientos, sino también por su compromiso social y su empatía con los niños. Para enseñar se necesita bastante más que «saber» la asignatura. Se podría ahorrar, al recortar el número de plazas, aumentando la calidad de las clases, al no disminuir el número de profesorado universitario de las facultades de educación.

Este proceso de selección estaría acompañado de un cambio en los estudios de magisterio, que deberían pasar del nivel de diplomatura al de máster, dando mayor peso a la didáctica e inculcando en los estudiantes el análisis crítico de la realidad y de su actividad para investigar e innovar de manera constante. Y también para que entiendan que su profesión requiere un reciclaje intenso y constante, el cual tendrá que extenderse a los docentes en ejercicio, con cursos de formación orientados especialmente hacia la competencia lectora.

Este énfasis en la competencia lectora fue el primer paso que dieron en Finlandia para alcanzar la excelencia. Por eso los esfuerzos iniciales se tienen que concentrar en esta área, y en las escuelas se debe situar al inicio del aprendizaje de la lectura a los docentes con mejor dominio de esta competencia.

Este cambio debe venir acompañado de una desburocratización de la educación (aumento de la autonomía y descentralización de las escuelas) en el marco de una normativa mucho más flexible y mucho menos invasiva. El Estado y las autonomías deben definir las competencias básicas de las etapas y no más del 30 % de los contenidos, el resto deberá quedar en manos de los centros, para que los puedan adaptar a su entorno más cercano. Los contenidos no se deben fijar siguiendo criterios políticos e ideológicos, sino en función del entorno social y las necesidades de la escuela y los alumnos.

Otro aspecto importante debería ser la profesionalización de la función directiva en las escuelas, con docentes especialmente formados para realizar estas actividades y que estén liberados de buena parte de la carga burocrática estéril a la que están sometidas en la actualidad las direcciones escolares. Todo ello bajo la supervisión de un servicio de inspección reforzado y que esté para ayudar más que fiscalizar los centros.

Finalmente, dos aspectos concretos más que se pueden implantar con cierta rapidez en el sistema escolar son: por un lado, la incentivación de las políticas de innovación en las comunidades educativas para que la escuela se convierta realmente en una comunidad de aprendizaje y, por el otro lado, la creación de equipos de orientación dentro de los centros educativos para facilitar el tránsito de todos los niños por el conjunto del sistema escolar.

Pero, como hemos dicho al principio, no se trata solo de intervenir en el subsistema escolar, sino en el conjunto del sistema educativo y para esto es necesario aumentar el gasto público en la protección de las mujeres con hijos y hay que incentivar las políticas de protección familiar para que las unidades familiares recuperen, entre otros aspectos, su papel educativo. Como hemos visto anteriormente, el gasto de protección a la familia en España es ridículo en comparación con otros países europeos, en especial con Finlandia, y hasta que no consigamos compatibilizar la vida familiar, la laboral y la escolar no podremos descargar a la escuela de las numerosas funciones que no le corresponden. Posiblemente esto signifique un cambio de vida, con jornadas laborales menos dilatadas y horarios más racionales. Pero esta racionalización no puede empezar, una vez más, por la escuela, sino que debe ser el mundo laboral, empresarios y sindicatos, el que ponga las bases de un cambio de modelo que permita a los padres ocuparse de sus hijos y recuperar su función educadora. Este cambio también será positivo desde el punto de vista de la empresa, porque el trabajador estará más satisfecho con su vida. Todas las experiencias documentadas de iniciativas empresariales para permitir una mayor compatibilidad entre vida familiar y laboral han demostrado que se reducen los niveles de absentismo, aumenta la productividad y mejora en general el ambiente laboral en la empresa.

«En Finlandia tardaron casi veinte años en ver los resultados de las reformas que decidieron implantar en la década de 1970. Con un consenso básico, una estrategia a largo plazo y paciencia se puede conseguir un cambio radical en el sistema educativo español».

También se tienen que potenciar y coordinar los servicios sanitarios de atención infantil dentro y fuera de los centros escolares para detectar precozmente cualquier problema que pudiera afectar a la salud y al proceso de aprendizaje del menor, de manera que llegue a la escuela claramente diagnosticado y con las medidas adicionales de acompañamiento y ayuda. En la actualidad nos encontramos con que un porcentaje importante del fracaso escolar es consecuencia de problemáticas no detectadas o detectadas demasiado tarde para poder intervenir con eficacia; además, normalmente los centros escolares no cuentan con los recursos apropiados para realizar el acompañamiento de estos alumnos con necesidades educativas especiales. Una vez más, se pretende que la escuela realice una función de integración sin contar con los medios para realizarla.

Otra medida de fácil implantación sería la unificación de todas las redes de bibliotecas, facilitando el acceso con una identificación única, con el objetivo de que cualquier ciudadano pueda acceder a todo el inmenso fondo bibliográfico del país con las menores trabas burocráticas posibles. También se deberían integrar en el sistema las bibliotecas escolares para que los alumnos con menos recursos puedan acceder a ese fondo desde un entorno próximo y conocido.

Finalmente, otra medida aconsejable sería que el Consejo Estatal de Medios Audiovisuales planificase con las cadenas de televisión la emisión de programas, series y películas extranjeras en su lengua original y con subtítulos. Si queremos mejorar el dominio de las lenguas extranjeras, en especial el inglés, es imprescindible que los niños se muevan en un entorno audiovisual multilingüe más allá de las aulas. Además, con los subtítulos se mejoraría la competencia lectora de todos los ciudadanos.

En líneas generales no se trata de reformas fáciles ni superficiales, ya que seguramente requerirán un cambio cultural y de costumbres muy arraigadas, pero debemos emprenderlas sin pérdida de tiempo para garantizar el futuro del sistema educativo y del país en su conjunto. En Finlandia tardaron casi veinte años en ver los resultados de las reformas que decidieron implantar en la década de 1970. Con un consenso básico, una estrategia a largo plazo y paciencia se puede conseguir un cambio radical en el sistema educativo español. Si se consiguió con el sistema sanitario, que es uno de los mejores del mundo, ¿por qué no va a ser posible con la educación?

Tengo la esperanza de que estas páginas sirvan para emprender el camino que nos conduzca a un futuro mejor, más justo, más solidario y en el que la formación desempeñe un papel cada vez más importante a lo largo de toda la vida de la persona. Los fundamentos están ahí, solo hay que iniciar la obra. Si no lo hacemos con altura de miras y amplitud de espíritu, nuestros hijos y nietos padecerán las consecuencias. Finlandia nos ha marcado la dirección, pero nosotros tenemos que encontrar nuestro propio camino y lo más importante es emprender la marcha, porque, como dijo Antonio Machado:

«Caminante, no hay camino,
se hace camino al andar».

Epílogo

El objetivo principal de este libro es remover las conciencias de los ciudadanos españoles respecto a la educación, y ofrecer una descripción y reflexión del sistema educativo finlandés, al que dediqué más de quince años de estudios en mi doctorado. Espero que ahora que termina este libro le sirva a usted para la reflexión y para la acción. Le necesitamos, esté donde esté, sea como profesor o como padre o madre, o como alumno. No todo en España funciona mal, ni toda nuestra educación es tan mala como se dice. Es un honor ser maestro, ya que nos dedicamos a desarrollar junto a las familias nuestro bien más preciado, nuestros hijos e hijas, el tesoro de la nación, nuestros bonos del Tesoro a 20 años.

Podemos hacer las cosas mejor. Todo el país es consciente de que, por ejemplo, nuestra sanidad es de un nivel excelente. Prueba de ello es que hace dos años se me diagnosticó un cáncer de pulmón que se me había extendido. Contra todo pronóstico, logré sobrevivir gracias a nuestra sanidad pública y concertada excelente, y a que todos los ciudadanos españoles pagan sus impuestos y mis medicinas. Vivo cada día un día más gracias a todos ustedes. Aprovecho para agradecerles a todos que me hayan dado esta oportunidad, oportunidad que no tienen, por ejemplo, los ciudadanos de Estados Unidos.

La educación en Finlandia merece ser explicada para que reflexionemos sobre nuestro modelo educativo. Esta ha sido, a mi parecer, una de las mayores contribuciones de Finlandia a la humanidad. Finlandia no ha descubierto cómo hacer mejores edificios o máquinas, sino mejores personas, formadas con alta calidad en las competencias lectora, matemática, científica y educación cívica. Y todo ello para mejorar toda la comunidad con igualdad de oportunidades para todos. Hace muchos años escogí irme allí, abrir mi mente, mi espíritu y escucharlos, porque deseaba de todo corazón mejorar la educación de todos los niños y niñas del país, a los que quiero con todo mi ser.

Los conocimientos sobre educación en Finlandia se extenderán como una mancha de aceite, progresivamente, en este mundo global. Estos descubrimientos se transmitirán a una gran parte de la humanidad. Finlandia ha sido un laboratorio de ensayo de excelencia educativa del que podemos aprender mucho. Por todo ello, GRACIAS, FINLANDIA.

XAVIER MELGAREJO DRAPER
Barcelona, 30 de julio de 2013

Agradecimientos

Deseo expresar mi agradecimiento a numerosas personas e instituciones que durante años me han ayudado a profundizar en el sistema educativo de Finlandia. En especial, quiero agradecer al que fue mi director de tesis, Francesc Pedró (actualmente en la Unesco), su interés y los abundantes debates que mantuvimos durante años, así como su actitud constructiva y accesibilidad durante todo el largo proceso de realización de la tesis. Mi largo estudio fue viable en gran medida porque tres personas me abrieron muchas puertas en Finlandia y aquí en Barcelona. Estas tres personas son: en primer lugar, Pekka Tukkonen, director y profesor de escuela finlandés que al principio de mis investigaciones residía en Barcelona y que actualmente ejerce como director de una escuela rural en Finlandia. Pekka fue la primera persona que me planteó la necesidad de estudiar la formación de los docentes finlandeses. A lo largo de estos años nuestra amistad ha crecido a la par que mis investigaciones. En segundo lugar, quiero agradecer a Hilkka María Nurmi (ahora coautora del primer diccionario catalán-finés)[3] los contactos con su padre y sus traducciones, tanto de algunas de las primeras entrevistas que realicé en Finlandia como de gran parte de las leyes de educación finlandesas. Su padre, Kari E. Nurmi, que era al inicio de mi investigación, en 1992, subcatedrático de la Facultad de Educación de la Universidad de Helsinki, fue fundamental para llevar a la práctica mi investigación cualitativa, ya que se encargó personalmente de contactar con muchas de las personas clave en el sistema educativo finlandés.

Para poder entender el sistema educativo por dentro, numerosos especialistas de la educación finlandeses colaboraron conmigo, casi siempre de una forma gratuita y con mucho interés. Quiero citar como colaboradores a Pertti Kansanen (Universidad de Helsinki), Irina Koskinen (Universidad de Helsinki), Esko Laulajainen (Ministerio de Educación), Marja Llisa Toivanen (Consejo Nacional de Educación), Pirkko Liisi Kuhmonen (Consejo Nacional de Educación), Kari E. Nurmi (Universidad de Helsinki), Veijo P. Meisalo (Universidad de Helsinki), Kari Harmoinen (escuela Kruununhaan Alaaste, Helsinki), Hannu Simola (Academia de Finlandia), Kari Cantasalmi (Universidad de Helsinki), Arto Laamanen (escuela Taivallahden Alaaste, Helsinki), Juhani Hytönen (Universidad de Helsinki), Seppo Hämäläinen (Universidad de Jyväskylä), Mónica Melén Paaso (Ministerio de Educación), Pirjo Linnakylä (Universidad de Jyväskylä).

---

3. Rocosa, Hilkka María y Rina Weltner-Puig, *Diccionari Català-Finès*. Enciclopèdia Catalana, Barcelona, 2003.

Prestaron una gran ayuda muchas personas que trabajan en los servicios de bibliotecas tanto de Helsinki como de Jyväskylä. Quiero agradecer especialmente el trato y la ayuda prestada a Eva Ijäs (Universidad de Jyväskylä), a Arja Mannila (Consejo Nacional de Educación), a Leena Granholm (Ministerio de Educación) y al equipo de biblioteca de la Facultad de Helsinki por su paciencia conmigo.

He mantenido entrevistas muy interesantes con profesores de diferentes escuelas de Finlandia, algunos de los cuales me ofrecieron materiales de trabajo del día a día en los centros educativos o me permitieron visitar y filmar en sus clases: Kari Harmoinen, Pekka Tukkonen, Liisa Hakala, Pentti Mankinen, entre otros muchos.

También colaboraron en traducciones del sueco y finés al castellano Rosa María Palá (filóloga y esposa de Pekka Tukkonen) y Paola Ballo, filóloga anglogermánica, y en la supervisión de las transcripciones de las entrevistas realizadas por mí en inglés. Agradezco desde estas líneas al cónsul de Finlandia y al personal del consulado en Barcelona, por facilitarme libros y material gratuito. Especialmente deseo agradecer la colaboración de mi amiga Eva Hanikainen, agregada de cultura y prensa de la embajada de Finlandia, quien siempre me ha ayudado y ha confiado en mí. Agradezco y ha sido para mí un honor la confianza del embajador de Finlandia en Madrid, el señor Markku Keinänen. También quiero agradecer los comentarios constructivos del señor Pekka Tolonen de la Oficina Comercial de la embajada de Finlandia. Mi mayor gratitud a todos los presidentes que he conocido del Instituto Iberoamericano de Finlandia y a sus equipos. Especialmente quiero dar las gracias a la doctora Auli Leskinen, su actual directora, que aceptó realizar el prólogo de este libro, un alto honor para mí. Gracias también por su confianza al pedirme colaborar con su instituto. Quiero agradecer también a la señora Luisa Gutiérrez, responsable de comunicación del Instituto Iberoamericano de Finlandia, sus gestiones y atención. Expreso mi gratitud al director de la biblioteca del Bureau International de l'Éducation de la Unesco en Ginebra por facilitarme diversos documentos esenciales, así como a la Unidad Española de Eurydice, perteneciente al MEC (CIDE).

Estoy muy agradecido también a la Congregación de los Misioneros Claretianos de Barcelona que confiaron en mí hace 26 años al contratarme para realizar el trabajo de orientación psicopedagógica en el colegio Claret de Barcelona, trabajo que me ha permitido pagar todos los gastos de mi tesis original. Realicé este estudio a lo largo de más de 15 años. Gracias a los provinciales Ramon Olomí y Màxim Muñoz por proponerme como director del colegio y darme su apoyo durante ese tiempo y cuando apareció mi enfermedad. Especialmente quiero dar las más intensas gracias a mi querido amigo Josep Sanz Vela, titular del colegio Claret de Barcelona, de quien aprendí mi oficio de orientador y la pasión por la infancia. El padre Josep Sanz es la persona que mejor me conoce profesionalmente, quien más me ha apoyado en mi vida profesional y quien más me ha estimulado siempre a mejorar y a estudiar. Estoy muy agradecido a mis compañeros de trabajo en el colegio Claret de Barcelona, especialmente a los diversos miembros del equipo directivo, quienes me apoyaron como director en los proyectos que llevamos a término, gracias a los cuales disminuimos el fracaso escolar del 20 al 1 % en nueve años. Es un honor para mí haber dirigido a un equipo tan ilusionado y eficiente.

Quiero dar las gracias al señor José Moyano, presidente de ANELE (Asociación Nacional de Editores de Libros y Material de Enseñanza de España), por ayudarme a divulgar mi trabajo. En el mundo político quisiera agradecer a la señora Carmen Maestro (PSOE), antigua directora del Instituto de Evaluación de España y expresidenta del Consejo Escolar del Estado, su interés por divulgar mis trabajos. Gracias al grupo político de Convergència i Unió, especialmente a la consejera de Educación, Irene Rigau, quien me han propuesto en diversas ocasiones conferencias en varias ponencias de estudio en el Congreso de los Diputados, en el Senado y en el Parlament de Catalunya. Gracias a la consejera por su confianza al proponerme al Consejo Escolar de Cataluña y al Instituto Superior de Evaluación de Cataluña a pesar de no pertenecer a ningún partido político.

Mi estudio me ha permitido ser más consciente de mi agradecimiento a todos los ciudadanos españoles que con sus impuestos ayudaron, entre otras cosas, a pagar mis estudios universitarios de psicología en la UAB y mi sanidad hasta que yo pude trabajar. También cabe recordar a quienes concibieron y permitieron esas ayudas en España desde sus responsabilidades políticas o económicas y que posibilitaron que los recursos de todos los ciudadanos se canalizaran en mi educación.

Con motivo de mi enfermedad muchas personas me han ayudado y se han interesado por mí. Entre ellas quisiera expresar un agradecimiento muy especial a Josep Maria Rodríguez, a los colegios Claret de Cataluña, España y del mundo, y a los centenares de alumnos y exalumnos y familias que crearon una red social llamada «Ànims Xavier Melgarejo». He recibido centenares de escritos de apoyo, afecto y agradecimiento, que me han llegado al corazón, renovando mi energía y mi vida en los peores momentos de la misma. Estoy muy orgulloso de mis alumnos y exalumnos, muy agradecido y les quiero con todo mi ser.

Quiero agradecer especialmente a mi doctora, Enriqueta Felip, oncóloga de pulmón del Hospital de la Vall d'Hebron, todo su saber y profesionalidad. A ella confié mi vida, y por ella estoy vivo haciendo este libro. Muchas gracias por la calidad humana del seguimiento y el trato exquisito que siempre me ha otorgado. También quiero dar las gracias al Dr. Tabernero, jefe de oncología de la Vall d'Hebron, por ayudarme a clarificar las alternativas una vez conocido el diagnóstico, por su trato personal y por animarme a divulgar mi actitud frente al cáncer.

A Pasqual Maragall, a quien tuve el honor de acompañar en un viaje a Finlandia, a Joan Badia, que fue el primero que me pidió una conferencia para los directivos del Departament d'Ensenyament, a Isabel Darder que me vino a buscar para que explicara mi tesis en el Palau de la Generalitat, y tuvo un papel central para conectarme con el equipo directivo del MEC. Al senador Ramon Alturo de CiU y a los senadores de todos los partidos miembros de la Comisión de Educación que me transmitieron su deseo de mejorar la educación en España en el transcurso de una ponencia sobre buenas prácticas escolares y valores. Y al diputado Martí Barberà de CiU que me pidió explicase el modelo finlandés en la Comisión de Educación del Congreso asociada con la propuesta de la nueva ley de educación LOMCE en julio de 2013

Quisiera agradecer su apoyo a todo el equipo directivo de la FECC, especialmente a Enric Puig. Gracias también a mis amigos Julio Andreu, Dolors Moreno, Anna Ramis, y Juanjo Fernández. También el especial apoyo y afecto del fundador de la FECC, el padre Francesc Riu, que desempeñó un papel central en mi formación como director y me enseñó a valorar los escenarios educativos de la OCDE para el siglo xxi.

Durante estos años muchos medios de comunicación se han interesado por mi trabajo y me han pedido artículos o intervenciones en programas radiofónicos y de televisión. Entre ellos quisiera expresar mi especial agradecimiento a la FERE, y a Cuadernos de Pedagogía, así como al programa *Singulars* de TV3, a su presentador, Jaume Barberà, y a todo su equipo la oportunidad que he tenido de explicar con gráficos y dibujos a la población mi tesis y mis propuestas.

Mi agradecimiento por permitir que sus lectores conocieran el sistema educativo finlandés a *La Vanguardia*, *El Periódico de Catalunya*, Chuz Saez del semanario *Escuela*, *El Diari de l'Educació*, Manuela Aguilera de la *Revista Crítica*, Lídia

Garcia-Fresneda de *Ser Padres*, Mónica Arrizalbalaga de *ABC*, Alicia Arranz de *Mia*, Pere Mari de *Mater* y Susana de la Riva de *Actualidad Económica*. A Mónica Duarte de Telefuturo, canal 4 de Paraguay; a Joan Barril del programa *La República*; a Antoni Basas de *Els matins* de Catalunya Ràdio; a Marta Cailà y Toni Clapés de RAC1; a Gustavo Verbel de la Radio Nacional de Colombia); a Laura Plitt de la BBC; a Nausicaa Palomeque de la radio uruguaya http://www.180.com.uy/; a Pino González de Radio Las Palmas; a Esther Ferrero Radio 3; y a Laura Galán de TVE.

A la Institución Pere Vergés, que confió en mí para su Consejo Pedagógico; a Julio Gómez-Ortega y Haans Habre de la Livets Ords Christina School, de Uppsala; al claretiano Carlos Díaz Muñiz, expresidente de ECNAIS, que me permitió divulgar parte de mis estudios en una ponencia en Budapest (2010). Al presidente de la Sociedad Económica Barcelonesa de Amigos del País, Miquel Roca i Junyent, por permitir comentar mis estudios a los asociados. A los miembros de la Societat pel Coneixement que me pidieron que explicara el modelo finlandés. A la Fundación para la Ayuda contra la Drogradicción (FAD), que me pidió un mensaje para su web y organizó un chat en directo con profesores.

A mi amigo recientemente fallecido Ferran Ferrer, que fue miembro del tribunal de mi tesis doctoral y con quien he compartido nuestra pasión por mejorar la educación en calidad y especialmente en equidad. Para mí ha sido un honor contar con su amistad.

Agradecimientos

A la Fundación Rafael Campalans por pedirme que escribiera un artículo sobre el sistema educativo finlandés; a Manel Roure de Federoptics por permitirme participar en la reunión de optometristas para comentar la importancia de la lectura en el proceso educativo; a Albert Ginjaume, cónsul de Finlandia por interesarse por mi salud y por mi trabajo; a Tiina Mäkelä, que lucha por crear una escuela escandinava en Barcelona; a Jesús Jovani y Teresa Polo, directores del CEP El Peixet de Peñíscola; a Luisa Gutiérrez, Eva Sippola, Anna Lipasti del Instituto Iberoamericano de Finlandia y a Timo Riiho, antiguo presidente de dicho instituto.

Muchas gracias a Joaquim Prats, que fue el primero en divulgar mi estudio; a Enrique Roca por visitarme en la escuela para comprobar los resultados de la reducción del fracaso escolar; a Enric Roca, presidente del Centre d'Estudis Jordi Pujol; a Javier E. Diaz y Pío Maceda de CCOO por invitarme a sendas conferencias multitudinarias ante sus asociados.

Al catedrático de psicología de la UB, César Coll, por permitirme dirigirme a sus alumnos de doctorado; al catedrático de la UB Rafel Bisquerra, por inspirarme en mi trabajo diario en la escuela, por seguir sus modelos de psicólogo y orientador escolar, por permitirme comentar mis resultados con sus estudiantes en el máster de competencia emocional. A la profesora Gemma Tribó de la Facultad de Educación de la UB, quien me pidió que realizara la conferencia inaugural de su facultad en el año 2007. A Albert Batalla y a la Facultad de Educación de la UB por pedirme que formara parte de su Consejo Asesor para la mejora de los planes de estudio; a la UIMP por pedirme diversas conferencias sobre el sistema educativo finlandés. A la Facultad de Educación de la Universidad de Oviedo, que fue la primera de España en interesarse por mis estudios y me pidió una explicación a sus estudiantes en el 2005.

A la Universitat Internacional de Catalunya, especialmente a mi amigo Xavier Ureta, por permitirme explicar la formación del profesorado en Finlandia al dirigirme a sus alumnos de educación, y profesorado, así como por honrarme en dar la conferencia final de graduación de su primera promoción de profesorado de Infantil y de Primaria.

Al Cercle d'Economia de Mallorca por pedirme dar una conferencia-coloquio a sus asociados en 2008; al titular y director de les Escoles Parroquials de Cataluña por permitir dirigirme a todos sus equipos directivos; a Cristina Martínez del Gobierno General de las Teresianas del Mundo quien me pidió entre otras cosas que me dirigiera a las superioras de su organización para que comentara la formación del profesorado en Finlandia; a Martí Sagarra de les AMPAS de Cerdanyola por organizar una multitudinaria conferencia para las familias y profesorado en 2013; a Neus Bauisan de la Asociación Catalana de la Dislexia; a Albert Darsi de las cooperativas escolares AKOE de Valencia; a la Editorial McMillan que me ofreció la posibilidad de dirigirme a muchos profesores de inglés en el paraninfo de la Universidad de Barcelona.

Mi estudio sobre el sistema educativo finlandés me ha hecho más consciente del agradecimiento que siento hacia todas las personas que han tomado parte en mi educación, tanto en el subsistema escolar (maestros, profesores de secundaria, universitarios, de doctorado, de los diferentes posgrados que he realizado, mis actuales compañeros de trabajo, mis propios alumnos y sus padres), como en el subsistema sociocultural en el que he vivido (sacerdotes católicos de diferentes parroquias, centros de *esplai*, pastores luteranos, escuela de monitores del tiempo libre del Ayuntamiento de Barcelona, voluntariado de la Cruz Roja de Barcelona, Cáritas, etc.), como en el subsistema familiar. En este sentido, quiero agradecer, en lo que atañe a mi familia de origen, a mi padre Manuel Melgarejo Azagra haberme transmitido su lengua (castellana), su pasión por el conocimiento y el respeto por la naturaleza y por todas las personas, independientemente de su origen, lengua o religión. Quiero agradecer a mi madre, Asunción Draper Gurri, su afecto incondicional por nosotros, nuestra lengua materna (catalana), su fe en la vida, en las personas y en un Dios que tenía que ser un Dios de amor. Ambos pagaron escrupulosamente todos mis estudios con su trabajo hasta que ingresé en la universidad, conscientes de que el único patrimonio que podían dejarme eran unos estudios de calidad. Quiero agradecer a mi hermano Joan Carles Melgarejo su atención al leer partes de la tesis original y ofrecer numerosas ideas y al ayudarme en los peores momentos cuando se descubrió mi grave enfermedad, y a mi hermano Manuel Melgarejo el apoyo emocional y afecto que me prestó en momentos difíciles.

Quiero dar las gracias más intensas a mi esposa, Mireia Artigal, sin la cual nunca hubiera tenido fuerzas ni apoyo emocional suficiente para terminar tanto la tesis como el presente libro. Agradezco a mis dos hijos, Pau y David Melgarejo, la expresión de afecto y apoyo hacia mí, y el tiempo que he perdido al hacer este libro y que no he podido dedicarles a ellos.

Finalmente quiero dar las gracias más vivas al pueblo de Finlandia por concebir, crear y pagar un sistema educativo cuyo centro es el bien del alumno y que pretende equidad y calidad a la vez para todos. Finlandia es un ejemplo, un modelo que vale la pena conocer para mejorar educativamente.

Gracias también a ti, querido lector o lectora, por querer leer este libro.

Bibliografía

CONSELL SUPERIOR D'AVALUACIÓ, «Estudi PISA 2003. Avançament de resultats», en *Quaderns d'avaluació*, nº 1, diciembre de 2004.

EUROSTAT, *Europa en cifras. Conocer la Unión Europea*. Barcelona: Mundi Prensa, 1999.

GARCÍA GARRIDO, José Luis, *Fundamentos de educación comparada*. Madrid: Dykinson, 1986.

GÓMEZ ORFANEL, Germán (ed.), *Las constituciones de los estados de la Unión Europea*. Madrid: Centro de Estudios Constitucionales, 1996.

INECSE, *Aprender para el mundo del mañana. Resumen de resultados PISA 2003*. Madrid: MEC-INECSE, 2004.

— *Resultados en España del estudio PISA 2000*. Madrid: MEC-INECSE, 2005.

JÄPPINEN, Arvo, «Development and structure of the finnish education system», ponencia en el seminario *A propósito de PISA: La formación del profesorado en Finlandia y España*. Madrid, 12 de diciembre de 2005.

KOHONEN, Viljo y Hannele NIEMI, *Teacher Education Programme Review. An Evaluation of Programmes of Teacher*

Education in Austria and Finland in 1993. Jyväskylä: Universidad de Jyväskylä, 1996.

LINNAKYLÄ, Pirjo, *Quality of School Life in the Finnish Comprehensive School: a comparative view*. Williams & Liston, 1991.

— «Exploring the Secret of Finnish Reading Literacy Achievement», en *Scandinavian Journal of Educational Research*, vol. 37, nº 1, 1993.

— «Quality of School Life in the Finnish Comprehensive School: a comparative view», en *Scandinavian Journal of Educational Research*, vol. 40, nº 1, 1997.

MEC, *Objetivos educativos europeos y españoles. Puntos de referencia 2010*. Madrid: MEC, 2005.

MELGAREJO DRAPER, Javier. *El sistema educativo finlandés: la formación del profesorado de primaria y secundaria obligatoria*. Tesis doctoral. Barcelona: Universitat Ramon Llull - Blanquerna, 2005.

— «Claus per a entendre l'excel·lent competència lectora de l'alumnat de Finlàndia», en *Quaderns d'avaluació*, 3 de septiembre de 2005, pp. 47-61.

— «Innovación y continuidad en el colegio Claret de Barcelona», en *Participación educativa*, nº 13, 2010, pp. 149-160.

— «La selección y formación del profesorado en Finlandia», en *Cuadernos de Pedagogía. 2008*.

— «Las claves del éxito en Finlandia», en *Cuadernos de Pedagogía*, nº 381, julio-agosto de 2008, pp. 30-33.

— «PISA, niveles de aprendizaje y calidad de la educación:

lecciones del caso finlandés», en *Educadores*, vol. 50, nº 226, abril-junio de 2008, pp. 207-230.

— «La participación de los padres: un indicador de calidad y equidad educativa. Experiencia con el programa FEAC en el colegio Claret de Barcelona», en *Participación educativa*, nº 5, 2007, pp. 127-135.

— «Millorar l'educació per millorar la societat», intervención en el programa de TV3 *Singulars*. 5 de diciembre de 2012. www.tv3.cat/videos/4368870.

— Comparecencia ante la Comisión de Educación y Deportes del Congreso de los Diputados, Madrid, 15 de julio de 2013. http://www.congreso.es/portal/page/portal/Congreso/GenericPopUp?next_page=/wc/verEmisionAudiovisual&idOrgano=305&idSesion=23&fecha=15/07/2013&secuencia=544540&legislatura=10

— y Josep Maria CERVERA, *Ante la adversidad, amor y libertad*. Barcelona: Claret, 2012.

MIKKOLA, Armi, «Formación inicial del profesorado en Finlandia», ponencia en el seminario *A propósito de PISA: La formación del profesorado en Finlandia y España*, Madrid, 12 de diciembre de 2005.

Ministerio de Educación de Finlandia, *Education and Research 2000. Development plan for education and university research for 1995-2000*. Helsinki: Ministerio de Educación, 1996.

— *Development Plan for Education and University Research for the period 2000-2004*. Helsinki: Ministerio de Educación, 1999.

OCDE, *Education at a Glance. OECD Indicators*. París: OCDE, 1992.

— *Análisis del panorama educativo. Los indicadores de la OCDE*. París: OCDE, 1995.

— *Analyse des politiques d'éducation. Enseignement et competénces*. París: OCDE, 2001.

— *L'école de demain. Quel avenir pour nos écoles?* París: OCDE, 2001.

— *Knowlwdge and Skills for Life. First Results fom PISA 2000*. París: OCDE, 2001.

— *Education at a Glance. OECD Indicators 2004*. París: OCDE, 2004.

— *OECD Factbook 2005: Economic, Environmental and Social Statistics*. París: OCDE, 2005.

— *Panorama de la société. Les indicateurs sociaux de l'OCDE. Questions sociales*. París: OCDE, 2005.

Pajares, Ramón, Ángel Sanz y Luis Rico, *Aproximación a un modelo de evaluación: el proyecto PISA 2000*. Madrid: MEC-INECSE, 2004.

Pedró, Francesc e Irene Puig, *Las reformas educativas: una perspectiva política y comparada*. Barcelona: Paidós; 1998.

Schriewer, Jürgen y Francesc Pedró (eds.), *Manual de educación comparada*. Vol. 2: *Teorías, investigaciones, perspectivas*. Barcelona: PPU, 1993.

Simola, Hannu, «Ciencia educativa, el Estado y los profesores: regulación corporativa de la formación del profesorado en Finlandia», en T. S. Popkewitz, *Modelos de poder y regulación social en Pedagogía. Crítica comparada de las reformas contemporáneas de la formación del profesorado.* Barcelona: Pomares Corredor, 1994.

Unesco, *Informe mundial sobre la educación 1995.* Madrid: Santillana/Unesco, 1995.

Unicef, *Los trece primeros países en orden inverso a la pobreza infantil.* Unicef, 2000.

PNUD, *Informe sobre el Desarrollo Humano 1996.* Madrid: Mundi Prensa, 1996.

Su opinión es importante.
En futuras ediciones, estaremos encantados
de recoger sus comentarios sobre este libro.

Por favor, háganoslos llegar a través de nuestra web:

www.plataformaeditorial.com

Plataforma Editorial planta un árbol
por cada título publicado.